경주의 불탑

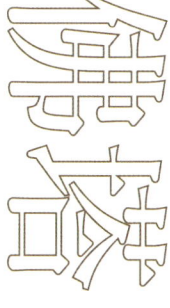

경주의 불탑

초판 1쇄 발행 2024년 5월 16일

지은이 홍순거
펴낸이 장길수
펴낸곳 지식과감성⁺
출판등록 제2012-000081호

교정 이주희
디자인 서혜인
편집 서혜인
검수 정은솔, 정윤솔
마케팅 김윤길, 정은혜

주소 서울시 금천구 벚꽃로298 대륭포스트타워6차 1212호
전화 070-4651-3730~4
팩스 070-4325-7006
이메일 ksbookup@naver.com
홈페이지 www.knsbookup.com

ISBN 979-11-392-1855-8(03910)
값 17,000원

- 이 책의 판권은 지은이에게 있습니다.
- 이 책 내용의 전부 또는 일부를 재사용하려면 반드시 지은이의 서면 동의를 받아야 합니다.
- 잘못된 책은 구입하신 곳에서 바꾸어 드립니다.

지식과감성⁺
홈페이지 바로가기

경주의 불탑

홍순거

慶州佛塔

목차

1. 감은사탑   8
2. 고선사탑   16
3. 나원리탑   20
4. 분황사탑   23
5. 다보탑   29
6. 석가탑   32
7. 장항리탑   36
8. 정혜사탑   42
9. 황복사탑   48
10. 남사리탑   54
11. 남산동탑   58
12. 마동탑   62
13. 무장사탑   65
14. 미탄사탑   68
15. 서악동탑   72
16. 석굴암탑   77
17. 염불사탑   80
18. 용명리탑   84
19. 용장사탑   88
20. 원원사탑   93
21. 지곡탑   97
22. 창림사탑   100
23. 천군동탑   104
24. 천룡사탑   107
25. 효현동탑   110
26. 국사곡4사지탑   115
27. 늠비봉탑   120
28. 비파곡탑   125
29. 지암곡3사지탑   130
30. 감산사탑   135
31. 금곡사탑   138
32. 기암곡탑   142
33. 숭복사탑   148
34. 오야리탑   153
35. 지암곡2사지탑   155
36. 구황동탑   159
37. 마석산탑   163
38. 승소곡탑   167
39. 천관사탑   170
40. 천동탑   174
41. 탑곡탑   177
42. 황오동탑   183
43. 망덕사탑   185
44. 보문사탑   190
45. 사천왕사탑   195
46. 황룡사탑   199

탑은 무엇인가?
탑은 불교의 교주인 석가모니,
고타마 싯다르타의 뼈를 모신 무덤이다.

1 감은사탑

감은사지 동서삼층석탑(682)을 신라 석탑의 전형典型이라 부른다. 이후에 세워지는 모든 석탑의 모범이 되기 때문이다. 그렇다고 해서 신라 최초의 석탑이라 할 수는 없다. 최초의 석탑은 아무도 모른다. 남아 있는 탑 가운데 최초의 석탑이 있을 수도 있겠지만 모를 일이다. 결국 가장 오래된 석탑에 대한 논의만 가능하다. 그렇다면 감은사탑은 가장 오래된, 그러니까 최고最古의 탑이란 타이틀을 가질 수 있을까? 이 역시 알 수 없는 일이다. 우선 전탑처럼 보이지만 엄연히 석탑인 분황사 모전석탑(634)이 있기 때문이다. 만약에 분황사 모전석탑을 벽돌 모양에 집중하여 석탑이 아닌 전탑으로 분류한다면, 혹시 가장 오래된 탑이 될 수 있을까? 감은사탑이 가장 오래된 탑이 되려면 넘어야 할 관문이 있다. 우선 판박이처럼 생긴 고선사탑이 오차 없이 같은 때에 세워졌어야 하며, 의성 탑리탑과 선후 결정전이라는 큰 산을 넘어야 한다. 그러나 둘 모두 상대하기가 만만하지 않다.

감은사탑은 왜 쌍탑일까? 한 개를 세우는 데도 힘들었을 터인데 둘씩이나 세운 이유는 무엇일까? 살펴보자면 탑 중심의 불교 신앙이 불상 중심으로 옮겨지는 과정에서 쌍탑이 나타났다는 주장이 있는데 동의하기 어렵다. 쌍탑은 사찰 건축과 장엄의 과정에서 나타나는 형식상의 변화로 본다. 우리나라는 중국 남조의 동진(317~420) 초기에 시작된 쌍탑의 양식을 받아들여 600년대에 백제의 미륵사탑, 신라의 사천왕사탑이나 감은사탑과 같은 쌍탑이 생겨났을 것으로 추정한다.

2024. 2. 18. 08:09

2024. 2. 18. 08:22

2024. 2. 18. 09:48

2023. 4. 26. 18:46

2024. 2. 18. 07:23

2 고선사탑

고선사는 원효대사의 비석인 서당화상비가 출토되어 그와의 관계를 짐작케 하는 절이다. 용수 해결을 위한 덕동댐이 건설되면서 탑이 지키고 있던 절터는 수몰되어 사라져 버렸고 고선사지 삼층석탑은 경주박물관으로 옮겨졌다.

한국인으로서 최초의 현대 미술사학자라 할 수 있는 고유섭은 그의 저서 『조선탑파의 연구』에서 이렇게 이야기했다. "탑이 금당의 왼편에 치우쳐 있어 오른편에도 탑을 세운 쌍탑식 가람으로 상상되나 석탑의 파편이 없으므로 오른편에는 목탑이 있었던 게 아닌가 한다." 이는 목탑과 석탑으로 이루어진 쌍탑이라는 말인데 대단한 상상력이다. 하지만 1977년도의 「고선사지 발굴조사보고서」에는 다른 탑의 존재에 대한 언급이 없다.

고선사탑을 바라보면 늘 안타깝다. 서러운 타향살이가 그렇고 꼭대기 머리장식을 꿰고 있던 쇠꼬챙이가 없어 그렇다. 감은사탑은 682년에 감은사의 준공과 함께 세워졌는데 고선사탑도 동시대의 탑으로 본다. 석재를 짜맞춰 쌓는 방식과 크기에 있어서 거의 비슷하기 때문이다. 다른 점이 있다면 첫째, 고선사탑에는 찰주가 없다. 둘째, 고선사탑에는 1층 몸돌의 사방에 문틀 모양이 조각된 데 비하여 감은사탑에는 없다. 감은사탑의 3m가 넘는 장대한 찰주의 존재는 두 탑의 외관을 전혀 달리 보이게 한다. 감은사탑은 무장을 한 젊은 병사의 기백을 느낄 수 있고 고선사탑은 차분한 느낌의 노련한 관료로 보인다.

2023. 3. 7. 11:28

2023. 5. 3. 17:52

3
나원리탑

감은사탑과 비교할 때 세워진 시기나 규모 면에서 뒤지지 않는 위풍당당한 국보이다. 하지만 탑이 세워질 당시의 절이 없어져 행정구역 명칭인 나원리를 빌려 와 나원리 오층석탑으로 이름을 지었으니 쓸쓸하다.

다른 탑과 다를 바 없이 화강암을 다듬어 쌓았지만 유난히 하얗게 보인다. 그래서 경주 팔괴八怪의 하나인 나원 백탑白塔으로 불리기도 한다. 오랜 세월이 흐르다 보면 석탑의 표면에 지의류가 번식하게 된다. 세월의 꽃이라 할 수 있는데 국보나 보물처럼 높은 등급의 지정문화재들은 당국에서 깨끗이 세척하여 마치 새 탑처럼 만든다. 보기에 부담스러울 정도로 깨끗이 변한 불탑이나 승탑을 보면 낯설다. 왜 그렇게 세척을 할까? 세척업자도 먹고 살아야 한다는 우스갯소리도 있다. 설마 그럴 리가 있을까? 지의류와 이끼가 붙어 유물이 상하는 것과 세척을 하면서 입을 피해 중 어떤 게 더 클지는 모르겠지만 그걸 떠나 천년 석탑에서 세월의 흔적을 지우는 일은 서사나 서정을 모두 잃는 일이라 생각한다. 까마득한 세월이 승탑의 표면에 내려앉아 마치 적멸위락의 경지를 보여 주는 듯하던 태안사 적인선사寂忍禪師 조륜청정탑이 뽀얗게 변했을 때의 이질감이라니…. 애써 제행무상을 거스를 수 있다면 무슨 짓인들 못 하랴.

2023. 5. 2. 09:46

2023. 3. 31. 12:04

4
분황사탑

분황사 모전석탑模塼石塔은 현존하는 신라의 탑 가운데 가장 오래되었다. 역사서에 분황사의 준공 연도(634)가 나오므로 감은사탑(682)과 함께 다른 탑들의 건립 연대를 추정하는 데 중요한 역할을 한다. 화산암인 검은빛의 안산암을 벽돌 모양으로 다듬어 쌓았으므로 모전석탑이라 한다. 돌을 사용하였기 때문에 석탑이라고는 하지만 모양상 흙을 구워 만든 벽돌(전塼, 전磚, 벽甓)과 같으니 석탑보다는 전탑塼塔으로 분류하는 게 좋다고 생각한다.

목탑의 지붕은 위에 기와를 얹고 아래에는 목재를 겹쳐 짜맞춘 공포가 있는데 전탑은 이러한 목탑의 기와와 공포를 계단 모양의 층급으로 표현하였다. 물론 층급은 네모난 벽돌로 지붕을 쌓을 때 나타날 수밖에 없는 외형이기도 하다.

신라의 석탑은 어떻게 시작되어 완성작인 불국사 삼층석탑, 즉 석가탑에 이르렀을까? 신라 탑의 출발점이 목탑이라는 데에 많은 사람들이 동의한다. 하지만 분황사탑을 있게 한 흙벽돌의 전탑은 언제 등장했는지에 대해서는 알지 못한다. 삼국통일 이전의 전탑이 확인되지 않기 때문이다. 그러나 신라에서 불교가 공인되는 527년경에 중국에는 이미 전탑이 있었고, 분황사 모전석탑은 전탑을 전제로 나타날 수밖에 없는 것이다. 따라서 신라 탑은 목탑과 전탑이 같이 시작되었다고 봄이 타당하다. 목탑과 전탑으로 출발한 신라의 탑은 통일을 전후하여 두 가지 경로를 거쳤을 것으로 추정할 수 있다.

첫째, 분황사탑이 선행되어 백제의 미륵사탑이나 정림사탑과 섞여 의성 탑리탑으로 나타났다. 이후 감은사탑, 나원리탑 그리고 연대가 분명한 황복사탑(692)을 거쳐 석가탑이 등장하였다. 둘째, 의성 탑리탑과 분황사탑이 비슷한 시기에 등장하였다. 이후에 감은사탑이 등장하였고 이후로는 첫째와 같다.

나는 둘째의 흐름을 선호하는데 탑리탑이 포인트다. 두 가지 경로 모두 탑리탑이 감은사탑에 앞서야 하는데 과연 그럴까? 탑리탑이나 감은사탑 모두 바닥돌의 기둥과 면석이 짜임새가 있다. 목탑의 영향이다. 그러나 탑리탑의 기둥은 위가 좁고 아래는 넓어 목조건축물에 더 가깝다. 그리고 기둥 위의 받침인 주두라든가 기둥과 기둥을 잇는 부재에서 목조건축의 요소가 더 많이 남아 있다. 따라서 크기 면에서는 비록 감은사탑이 탑리탑을 압도하지만 세부적인 면에서 목탑의 요소는 탑리탑에 못 미치니 감은사탑이 후대의 탑일 수밖에 없다. 또한 이러한 특징은 탑리탑이 세워진 시기를 분황사탑과 비슷하게 보는 근거가 되기도 한다.

2023. 6. 1. 17:33

2023. 5. 11. 16:58

2024. 2. 17. 18:53

5
다보탑

불교는 붓다인 고타마 싯다르타가 교주인 종교로서 우리처럼 생로병사의 길을 다녀가신 분이다. 그런데 불국사 다보탑이 상징하는 다보여래는 누구인가? 불교에는 수많은 경전에 많은 부처님이 있다. 불교는 상식으로 이해하기 어려운 측면이 많다. 설법 가운데는 오히려 궁금증을 더하게 만드는 경우가 있다. 한국불교는 초기불교, 대승불교, 중국불교의 혼합체로서 어느 한 불교로써 다른 불교를 설명하기가 힘들다. 브라만교와 힌두교가 섞인 인도불교도 버거운데 중국선은 또 어떠한가? 신도들은 자기중심으로 취사선택할 수 있겠지만 스님들은 어떻게 공부하고 대중들을 어떤 방편으로 이해시킬지 자못 궁금하다.

다보탑은 사방에 계단이 설치돼 있다. 그러나 계단 위에는 사자가 떡하니 버티고 있으니 오르기에 부담스럽다. 사천왕사나 망덕사의 목탑지를 보면 기단부를 오르는 돌계단이 있고 계단 밑에는 양쪽에 기둥이 서 있다. 다보탑의 계단과 거의 같은 모습이다. 계단으로 기단인 바닥돌을 오르면 1층에 몸돌이 있지 않고 사방이 뚫린 네 기둥과 중심의 기둥을 보게 된다. 목탑을 세우는 데 기능상 필요한 심주와 같은 개념이다. 백제의 익산 미륵사탑도 안으로 들어가면 중심에 심주가 있다. 다보탑은 석탑이 발생한 지 100년이 더 지났는데도 이렇듯 목탑처럼 만든 이유는 무엇일까? 그러나 목탑을 많이 닮았어도 모목석탑模木石塔이라 부르지는 않는다. 서악동탑은 지붕돌 윗면의 층급이 전탑과 조금 닮았을 뿐인데도 모전석탑이라는 표현을 쓰는데 말이다.

2023. 5. 4. 10:18

2023. 9. 8. 14:47

6
석가탑

인도 석가족釋迦族의 성자인 석가모니釋迦牟尼, 고타마 싯다르타는 카필라 바스투의 왕자였다. 6년여의 수행 끝에 깨달은 이, 즉 각자覺者가 되었다. 그네들 말로 붓다이다. 그의 이름으로 불리는 탑이다. 누가 언제부터 석가탑이라 불렸는지는 모른다. 하지만 신라의 탑 가운데 정수임에 틀림없다.

불국사 삼층석탑의 가없는 엄숙함을 말로 표현할 자신이 없다.

2023. 10. 21. 12:03

2023. 9. 8. 14:12

7
장항리탑

불국사에서 험한 토함산길을 운전하다 석굴암 쪽을 버리고 감포를 향해 가자면 내리막길이 또 꼬불꼬불하다. 한참을 내려가노라면 왼편 계곡 건너편의 높은 언덕에 탑이 보인다. 국보인 장항리 서오층석탑이 있는 곳이다. 절터는 동쪽과 남쪽으로 깊은 계곡이 있어 위태로워 보인다. 하지만 정작 위태로웠던 것은 도굴범에 의해 파괴된 쌍탑과 불상이었다.

멋진 탑과 불상이 있는 절임에도 절의 이름조차 알 길이 없다. 장항. 노루목이라는 말인데 계곡이 노루목처럼 좁고 길게 뻗쳐 있어 그런가 보다. 현재 절터에는 금당터와 불상의 대좌, 상처를 입었지만 재건된 서탑과 그렇지 못한 동탑이 있다. 현재 금당터는 절터의 동편에 있고 쌍탑은 금당의 서편에 있다. 동탑이 재건된 서탑의 옆에 있지만 제 위치인지 알 수가 없다. 두 탑이 너무 붙어 있기 때문이다. 금당의 동쪽은 바로 낭떠러지기지만 과거에는 공간이 있었고 그곳에 동탑이 있었던 것은 아닐까? 그리고 언젠가 무너져 계곡으로 추락한 것으로 보인다. 지붕돌만 켜켜이 쌓아 놓은 동탑 1층 몸돌의 사천왕상을 보면 반질반질하게 뭉개져 있다. 오랜 세월 여울 속에서 단단하지 못한 몸돌의 조각상이 물에 닳고 닳은 게 아닌가 한다.

동탑과 서탑의 1층 몸돌에는 같은 형태의 문틀과 금강역사상이 새겨져 있다. 금강역사상은 표정과 자세가 생생하게 표현돼 있어 공을 많이 들였음을 보여 준다. 그런데 동탑과 서탑의 금강역사상은 서로 많이 다르다. 동탑의 금강역사상은 건장해 보이는 성인의 모습으로 거친 돌을 발판으로 삼고 있는데, 서탑의 금강역사상은 인상만 험하지 무서워 뵈지 않는 동글동글한 아이의 얼굴이다. 또한 꽃잎 무늬가 조각된 발판을 딛고 있어 동탑에 비해 조금 더 정교한 모습을 하고 있다. 동탑은 많이 파손되어 있고 두 탑의 원래 위치를 알지 못하는 현재로서는 쌍탑의 같음과 나음을 구분하기는 어렵다. 그러나 붉은빛이 도는 화강암과 5층이라는 점 외에는 겹치는 부분이 없어 완전한 형태의 쌍탑은 아닌 듯하다.

2023. 8. 1. 10:02

8
정혜사탑

정혜사는 크면서도 부드러운 자옥산 아래에 탑과 전설을 남기고 이 땅에서 사라졌다. 비록 나무로 지은 금당과 불상 그리고 대중은 제행무상으로 돌아갔지만 불세출의 정혜사지 십삼층석탑은 찾아오는 이에게 부처님의 자리임을 또렷이 보여 주고 있다. 세상은 좋아져 입구에 CCTV가 눈에 불을 켜고 있고 탑 사방의 센서는 탑에 접근하는 방문객에게 "문화재 보호구역입니다."라는 따끔한 멘트를 날린다. 그렇게 현대식 장비가 철통 경비를 하고 있다. 오랜 세월을 전후로 여러 차례 도굴 시도가 있었으니 더러운 손으로부터 불세출의 국보를 지켜야 한다. 20여 년 전에 1층의 몸돌 한 개가 뜯겨져 나와 밖에 나뒹구는 모습을 보고 충격을 받은 적이 있다. 도굴의 흔적인 것이다. 그래서 문화재청에 건의를 하였는데, 요지는 "이 탑은 규모가 작고 인적이 없는 외진 데에 있어 도굴에 취약하다. 따라서 당국이 사전적으로 발굴 조사 하여 사리장엄을 안전히 확보하고 대외적으로는 탑 안에 보물이 없음을 알려라. 그러면 탑도 보물도 다 지키는 일이다."라고 하는 것이었다. 물론 현상 유지에 집착하는 문화재 당국이 들어줄 리가 있겠는가.

탑에 가까이 가면 혀를 차게 만드는 수많은 먹물 낙서를 볼 수 있다. 낙서는 익산 미륵사지의 내부에도 있고, 어떻게 올라갈까 싶은 감은사탑 몸돌조차도 인정사정이 없다. 관官, 시試, 성誠, 이李, 응應,

정正, 립立…. 무슨 의미인지 대략 짐작이 간다. 부처님 무덤에 개인의 영달을 위한 글을 쓰다니 조선 유생들은 공맹의 언어를 머리로만 깨친 것이다.

 탑을 분류하는 용어 중에 이형석탑異型石塔이 있다. 불국사 다보탑, 회엄사 4사자탑, 제천 사자빈신사지석탑과 같이 단정한 삼층이나 오층석탑이 아닌 특이한 모양의 석탑을 이른다. 정혜사지 십삼층석탑도 그 가운데 하나다. 하지만 단순히 여러 이형석탑의 하나 정도가 아니라 그중에서 가장 뛰어난 탑이다. 왜 그린가? 첫째, 전탑을 닮은 점에 있다. 특히 분황사 모전석탑을 묘하게 축소시킨 듯한 흙과 돌로 된 기단(바닥돌의 기능)이 그렇고 사방에 출입문을 낸 모양이 그러하다. 둘째, 몸돌을 덮고 있는 1층 지붕돌이 예사롭지 않다. 지붕돌 윗면의 네 귀퉁이를 표시가 나게 높였다. 내림마루라고 하는 것으로서 목조건물의 지붕 형태를 축소한 것이다. 곧 목탑의 특성도 들어 있다. 셋째, 2층부터 갑자기 작아진 몸돌과 지붕돌이 13층까지 올라갔다. 작아진 몸돌은 지붕돌과 하나로 돌을 다듬었으니 이런 형식은 후대에 탑이 작아지면서 가끔씩 나타난다. 총평하자면 일반 석탑의 골격을 유지하면서 전탑의 요소를 품고, 목탑의 모습도 부분적으로 보이고, 2층부터 크기가 급격히 축소되면서도 안정적으로 보이니 한국 이형석탑의 최고로 불릴 만하다.

2023. 3. 10. 12:10

2023. 5. 2. 14:22

2023. 11. 4. 08:32

9
황복사탑

   분황사 모전석탑, 감은사탑, 전傳 황복사지 삼층석탑은 신라 석탑사의 기준점이다. 분황사 모전석탑은 분황사가 선덕여왕 12년인 634년에 준공되었고, 감은사탑은 신문왕 2년인 682년에 감은사가 준공되었다는 역사 기록이 있기 때문이다. 그러나 황복사탑은 그 둘과는 달리 확실한 기록이 있다. 1942년 탑을 해체·복원할 때 탑의 2층 몸돌에서 "31대 신문왕이 692년에 죽자 왕비인 신목태후와 아들인 효소왕이 삼층석탑을 세웠다. 이후 신목태후와 효소왕도 죽자 706년에 효소왕의 동생인 성덕왕이 불사리와 순금제 미타상, 무구정광대다라니경을 석탑에 안치하였다."라는 글이 새겨진 사리함이 나왔다. 즉 692년에 탑이 세워진 것이다. 분황사탑과 감은사탑처럼 절이 준공된 시점에 탑도 같이 세워졌다고 인정해 주는 것과는 차원이 다르다. 따라서 황복사탑은 신라의 삼국통일 이후에 불국사 삼층석탑으로 진행되어 가는 과정에 있어 과도기의 작품이다.

   황복사탑의 기록을 통해서 알 수 있듯이 탑을 세울 때 넣은 사리장엄구는 후대에 언제라도 새로운 사리장엄을 추가하여 봉안할 수 있다. 과거 익산 왕궁리탑의 건립 연대를 추정할 때 출토된 금강경의 전래 시기, 금동불의 양식 등을 감안해 고려시대의 탑으로 보았던 사례는 얼마나 큰 오류를 범할 수 있는지 실증적으로 보여 준다. 왕궁리탑은 여러 논란에도 불구하고 넓은 지붕과 좁은 바닥돌, 바닥돌 안의 심초석의 존재로 보아 백제 탑으로 보아야 한다.

2023. 7. 26. 10:13

2023. 7. 27. 09:33

2023. 10. 23. 17:02

2023. 10. 31. 07:07

10
남사리탑

남사리 삼층석탑은 1975년에 복원되었고 1987년에 보물로 지정되었다. 이 탑이나 창림사탑(1976년 복원), 미탄사탑(1980년 복원)처럼 복원된 탑이 보물로 지정되는 경우는 흔치 않다. 가치 면에서 훌륭함은 물론이고 구성 석재의 대부분이 온전하였다는 이야기다.

신라하대인 800년대가 되면 탑의 건립은 여전히 성행하였지만 규모가 점점 작아진다. 남사리탑도 그 시대의 탑으로서 규모가 작다. 하지만 차분한 이중 바닥돌에 3층의 탑은 비율이 적당해 아름답고 단아하다.

세울 때의 정성에도 불구하고 많은 탑들이 무너졌다. 무너지는 여러 원인 가운데 도굴은 심각한 문제였다. 도굴의 역사는 매장의 역사만큼이나 길어서 중국의 경우 왕릉을 조성하면서 신경을 써야 할 가장 큰 대목이었다. 예로부터 심한 욕 가운데 하나가 "굴총을 할 놈"이었다. 그처럼 무덤을 파헤치는 것은 법적이나 도덕적으로 금기시되는 사회악이었다. 그런데 일제강점기를 거치면서 많은 도굴사건이 일어났고 무덤과 불탑은 그 가운데 대표적인 타깃이었다. 1966년 9월에 있었던 불국사 삼층석탑 도굴사건처럼 절에 상주하는 스님이 있는데도 도굴범의 손길이 미칠 정도로 범죄가 횡행하였다. 그러니 남사리탑과 같이 외진 폐사지에 있는 탑이야 아주 쉬운 도굴대상이었다. 장항리탑과 불상은 화약을 가지고 폭파시키는 상상 초월의 악행을 저지르기도 했다. 못살았던 시절, 악인들은 돈벌이를 위해 수단을 가리지 않았다.

2023. 3. 31. 12:53

2023. 7. 11. 10:14

2023. 3. 5. 16:41

11 남산동탑

　탑은 불교의 교주인 석가모니의 무덤이다. 곧 불탑이다. 아, 그런데 어쩌다 사리라 하면 보석처럼 반짝거리는 결정체를 가리키게 됐는지 모를 일이다. 더 모를 일은 석가모니의 마지막 말씀인 "스스로를 의지하고 진리에 의지하라."라는 자주自洲, 법주法洲의 말을 가슴에 새겨야 할 텐데 왜 사리가 신심을 고양시키는 신앙의 중심에 서 있는가 하는 점이다. 우리가 조상의 묘역을 가꾸고 그리워하듯이 불탑도 스승에 대한 추모의 대상이라면 이해하겠지만 사리의 영험에 열광하는 세인들의 사리 인식은 지나치게 세속적이다.

　석가모니의 반열반 이후 탑은 여덟 개가 만들어졌다. 이후 인도 최초의 통일 제국인 마우리아 왕조의 2대 왕인 아소카에 의하여 인도 전역에 팔만 사천 개의 탑으로 나누어졌다고 한다. 이후 사리신앙은 중앙아시아와 동아시아 전체로 퍼졌고 수많은 불탑이 세워졌다.

　남산동 동서 삼층석탑은 한 절에 세워진 쌍탑이다. 그러나 두 탑은 같은 쌍탑인 불국사의 석가탑과 다보탑처럼 모양새가 전혀 다르다. 서탑은 전통의 탑 형태로서 800년대 이후에 유행하는 여덟 명의 무인상을 바닥돌에 새겼다. 문제는 동탑인데 보통의 탑처럼 이중의 바닥돌이 아닌 커다란 통돌 여덟 개로 바닥돌을 대체하였다. 지붕의 모양도 일반형과는 확실히 다르다.

보통 지붕돌의 윗면은 빗물이 흘러내리는 낙수면으로서 미끈하게 다듬고 밑면은 역계단형의 층급을 새긴다. 하지만 이 탑은 윗면을 밑면과 똑같이 층급 모양으로 만들었다. 이러한 층급의 존재 때문에 오래전부터 모전석탑의 아류로 분류됐다. 그러나 지붕 윗면의 계단형 층급은 조금 특이하게 만들었을 뿐 이것 때문에 모전석탑이라고 분류하면 안 된다고 생각한다. 밑면에 층급이 있는 일반 석탑에 대해서는 언급치 않으면서 윗면의 층급만으로 모전석탑이라 한다면 기본 분류 방식에 있어서 큰 오류라고 생각한다.

지붕돌의 아래 층급이나 위 층급은 목탑이 전탑이나 석탑으로 변환되는 과정에서 나타나는 현상이지 전탑의 고유의 것은 아니다. 목탑의 지붕에는 기와가, 처마 밑에는 공포라고 하는 지붕을 떠받드는 목재들이 있다. 이러한 목탑의 형태가 전탑과 석탑에서 층급으로 나타난 것이다.

2023. 7. 28. 08:21

2023. 6. 3. 15:19

12
마동탑

경주의 선도동에서 동쪽을 바라보면 긴 산줄기가 펼쳐져 있고 가운데에 가장 높은 토함산이 보인다. 왼편의 크기가 크고 정상부가 평평한 산이 동대봉산이고 토함산은 봉우리가 뾰족하다. 토함산은 1,300년 전의 절인 불국사와 석굴암을 품고 있고 신라의 네 번째 왕이 된 석탈해의 경주 진출을 위한 교두보이기도 하였다. 마동 삼층석탑에서 토함산을 보면 시내에서 볼 때처럼 높아 보이지 않는다. 마동탑의 해발고도가 높은 탓이다. 탑 아래쪽으로는 숙박 시설인 코오롱호텔이 솟아 있어 불국사가 멀지 않음을 알려 준다.

마동탑은 이중의 바닥돌 구조를 한 신라 삼층석탑의 모범적인 모습을 보여 주는데 규모가 좀 작은 편이다. 1층의 몸돌은 높고 2층 몸돌은 급격히 줄어들어 탑이 낮아 보이기까지 한다. 그러나 달리 생각해 보면 이러한 평가가 좀 배부른 소리가 아닌지. 인근의 석가탑과 다보탑처럼 신라 석탑의 정수가 수두룩한 경주다 보니 보물로 지정된 높은 등급의 탑도 성에 차지 않게 되는 배부름.

내 고향은 집들이 산자락에 바투 붙어 있고 경사지에는 밭 그리고 맨 아래의 냇가 주변에는 논이 있는 구조다. 어느 농촌이나 물을 댈 수 있는가 없는가에 따라 논과 밭으로 나뉜다. 그런데 경주는 논을 선호하는지 웬만하면 물을 끌어들여 논으로 경작한다. 그러다 보니 계단식 논이 많고 마을보다 높은 곳에도 흙이나 돌로 축대를 쌓아 올려 논을 만들어 놓았다.

2023. 6. 5. 17:01

2023. 6. 5. 16:46

13
무장사탑

　20여 년 전에 암곡을 헤매다 못 찾았던 무장사지 삼층석탑. 경주에 살면서도 끝내 볼 수가 없었다. 경주국립공원사무소에서는 2022년 9월 상륙한 태풍 힌남노에 의한 피해로 암곡~무장봉 탐방로를 전면 통제하여 결국 경주를 뜰 때까지 암곡을 들어가지 못했다.

　경주에 온 지 한 달도 채 안 돼 석굴암 삼층석탑 못지않게 궁금한 무장사탑을 보기 위해 길을 나섰다. 과거에 암곡에서는 길을 찾지 못했고, 석굴암 삼층석탑은 종무소의 불허로 보지 못하였는데 그때가 90년대 말이었다. 둘은 경주를 생각하면 늘 답답하게 만드는 미완의 답사처인 셈이다. 보문동에서 무장사지로 가는 도로 가에 암곡탐방로의 통제를 알리는 현수막이 걸려 있었다. 그래도 혹시나 싶어 길을 돌리지 않았다. 30년 가까이 기다린 일인데 쉽게 포기하고 싶지 않았다.

　입구부터 태풍 피해가 복구되지 않은 채 방치돼 있었다. 느낌으로 삼층석탑 배관은 불가할 듯했다. 그런데 엄청 좋다가 결국은 엄청 힘든 일이 생겼다. 간단한 자초지종은 이렇다. 계곡의 초입에 있는 산불감시 초소를 국립공원 초소로 잘못 알았고, 입장을 허락한 산불감시원은 무장사지를 모르는 사람이었다. 결국 태풍으로 물 폭탄을 맞은 엄한 골짜기에서 4시간 정도 죽도록 고생을 하다 나왔다.

2023. 3. 3. 15:42

14
미탄사탑

미탄사, 무슨 뜻일까?

미탄사지 삼층석탑 앞에 설 때마다 드는 생각이다.

오랫동안 부처님의 말씀을 생각하며 살았지만 불민하게도 사성제四聖諦에서 팔정도로 넘어가면 아둔하여 외우기 힘들고 뜻을 이해하기도 어렵다. 가끔씩 불교는 숫자의 종교라는 생각을 한다. 2,500년 불교 역사에 교리, 문화 모든 분야에서 빠지지 않는 게 바로 숫자이기 때문이다. 불교사전을 펼치면 1, 2, 3, 4, 5, 6, 7, 8, 9, 10, 11, 12… 모든 숫자를 다 망라해서 많은 단어들이 나온다. 일견 상相에 얽매이면 안 된다고 할 수도 있겠지만 그 숫자들이 그냥 허공에서 떨어진 게 아니니 결코 가벼이 볼 일은 아니다.

이렇게 장황하게 숫자 이야기를 한 이유는 미탄사의 첫 글자인 미味 때문이다. 불교에서 육근六根, 육경六境, 육식六識을 말하는데 이는 감각기관과 의식이 이어지는 경로를 뜻한다. 육근 중의 하나가 설근舌根으로서 설근이 느끼는 감각을 육경 가운데 미경味境이라 한다. 이것이 육식으로 연결돼 설식舌識이 된다. 불교에서 내가 아는 맛 미味는 육경 가운데 미경이 유일하다.

오후에는 먹지 않는다는 오후 불식이라는 단어에서 알 수 있듯 수행을 위한 최소한의 먹거리만을 추구하는 승가에서 맛을 뜻하는 미味는 관념적으로 꺼리는 단어가 아니었을까? 그런데 이 절은 이름이 맛 미味, 삼킬 탄呑을 써서 미탄사이다. 맛있게 먹는 절이라…. 어떤 맛味을 말하는가? 우주의 진리를 깨친 석가모니의 법일까? 평범한 우리네 중생의 안녕일까? 짐작하기 어렵다.

2023. 9. 9. 18:55

2023. 9. 9. 18:39

15
서악동탑

　서악동 삼층석탑은 특이하다. 당장 눈에 띄는 다른 점은 바닥돌이다. 대개 석탑의 바닥돌은 목탑을 포함해서 목조건물의 기단을 닮았다. 단순히 닮은 게 아니라 기둥과 면석을 짜맞춘 소위 가구식 기단을 똑같이 따라 하였다. 그런데 서악동탑은 기존의 목조 가구식 바닥돌에서 벗어나 커다란 돌 여덟 개를 얼기설기 짜맞췄다. 석탑이 지진이나 지반 침하 같은 자연재해 또는 도굴에 취약한 이유 중의 하나가 쉽게 무너지는 바닥돌 때문이다. 즉 땅바닥 위에 얇고 길쭉한 돌로 조립된 바닥돌은 외부의 충격에 강하지 못하다. 따라서 서악동탑처럼 통돌 몇 개를 바닥돌로 삼는다면 흔들림에 강해 탑 전체가 무너지는 일은 없을 것이다. 다음은 1층 몸돌 남면에 금강역사상이 새겨져 있는 점이다. 이런 경우 역시 많지 않다. 탑의 규모가 작아졌고 그러다 보니 금강역사상도 역사라고 하기에는 뭣할 정도로 크기가 작아 포스나 오라가 느껴지지 않는다. 비록 몸을 비틀고 팔을 들어 센 척하고는 있지만 호위무사가 아니라 귀여운 친구라고 보는 게 낫겠다. 끝으로 말 많은 아니, 내가 말을 많이 하는 지붕돌 문제다. 전탑과 전혀 닮지도 않고 소재도 다른데 지붕의 계단 또는 층급형 모양을 두고 모전석탑 유형이라든가 아예 모전석탑이라고 부르는 부류가 있다. 부디 그냥 석탑으로 부르기를 바란다. 경주에서 이런 종류의 탑은 남산동 동東삼층석탑과 용장계 지곡 삼층석탑이 있다. 셋이 아주 비슷하게 생겼는데 크기로 보나 뭐로 보나 남산동 동삼층석탑이 맏형으로 보인다. 경주남산연구소 지도에는 지곡 삼층석탑을 아예 모전석탑이라고 표시했다. 아, 제발….

2023. 11. 27. 14:08

2023. 9. 24. 09:55

2023. 11. 27. 14:11

16
석굴암탑

　석가탑이 탑 중의 탑이라면 불상 가운데 불상은 석굴암 본존불이니 석굴암 경내의 외진 곳에 있는 석굴암탑은 관람객들에게는 관심 밖일 수밖에 없다. 하지만 석굴암탑은 일반 탑과 달리 바닥돌이 원형과 팔각형으로 돼 있어 탑에 관심을 갖는 사람들에게는 중요한 탑이다. 하지만 오래전부터 석굴암에 가지 않았다. 비싼 입장료와 주차비에 비해 비좁은 전실에서 뵙는 본존불이 아름답지만은 않았고 석굴암탑은 보물 감추어 두듯이 참배를 허락하지 않았기 때문이었다. 그러나 큰맘 먹고 경주에 살고 있는데 반드시 석굴암탑을 봐야겠다는 원을 가졌다. 쌀쌀한 어느 봄날 아침에 갑자기 석굴암탑이 생각이 났다. 석굴암에 전화를 했다. "종무소에 오셔서 인적사항을 적으면 보실 수 있습니다." 아, 20여 년이란 세월이 손 놓고 흐른 게 아니구나!
　처음으로 석굴암탑을 만난 시간은 쌀쌀함이 가신 사시공양 무렵이었다. 봄 햇빛은 눈부셨고 좁은 공간에 삼층석탑과 나 외에는 아무도 없었다. 오랜 원이 그렇게 이뤄졌다. 어쩌면 벌써부터 개방을 하였는지도 모른다. 오랜 세월 마음에 품고도 전화 한 통 넣을 생각을 하지 않았던 것일까? 탑은 종무소 밑의 계단 길로 조금만 올라가면 나온다.

　삼층석탑의 바닥돌은 밑에서부터 원형, 팔각형, 원형, 팔각형, 원형의 형태를 하고 있다. 이중의 바닥돌인 셈이다. 좀 낮기는 해도 불상의 대좌와 같은 느낌을 준다. 불상과 탑은 동격이니 불상의 대좌와 탑의 바닥돌이 같다 하여도 뜬금없는 일은 아닌 셈이다.

2023. 4. 26. 10:32

2024. 1. 16. 11:03

17
염불사탑

　쌍탑을 사진에 담는 작업은 여러 가지로 쉽지 않다. 하나의 탑이라도 구도를 잡고 주변을 정리하고 바로 세우려면 공을 들여야 하는데 두 개의 탑이라면 그 공력은 두 배가 아니라 네 배 이상의 힘이 든다. 광각렌즈로 두 탑을 바로 세우는 일은 주변부의 왜곡이 심하므로 세심한 신경을 써야 한다. 게다가 두 탑 모두 또는 한 개의 탑이라도 기울어져 있으면 더더욱 힘들어진다. 탑 사진은 똑바로 세워야 한다. 불교의 철학인 팔정도八正道에 바를 정正이 붙듯이 탑이 똑바로 서야만 정법안장의 표상이 된다 하면 과장스러운 걸까?

　염불사지 동서삼층석탑, 아주 멋진 탑이다. 마치 석가탑이나 창녕의 술정리 동삼층석탑과 같은 탑이 두 개가 서 있다고 보면 될 성싶다. 2층의 바닥돌과 3층의 몸돌 그리고 지붕돌의 크기가 알맞게 비율을 맞추고 있다. 염불사탑은 5.85m이고 석가탑은 나중에 보완된 꼭대기의 머리장식을 제외하고 8.2m로 석가탑이 더 높다. 그럼에도 불구하고 염불사탑은 바닥돌 밑에 높이 쌓아 올린 석축으로 인하여 낮아 보이지 않는다. 석가탑과 염불사탑의 건립 시기는 선후를 정하기가 어렵다. 즉 거의 같은 시기에 세워진 탑으로 본다. 염불사탑은 복원 과정에서 많은 석재를 새로 보완하였다. 쌍탑 가운데 동쪽의 탑은 한동안 불국사역 근처로 옮겨져 있었는데 그 당시에 1층 지붕돌은 다른 탑의 것이었다. 최근에 남산동의 제자리로 옮겨 오면서 새롭게 갈아 끼웠으며 불국사역 시절의 어색했던 지붕돌은 옆에 전시해 놓았다. 예전의 지붕돌은 전傳 이거사지탑의 것으로서 염불사탑이 복원됐듯이 불우한 타관살이를 끝내고 제자리로 돌아가 다시 세워졌으면 좋겠다.

멋진 탑 그리고 알맞은 비율로 쌓은 탑은 어떤 탑일까? 누구든지 초면에 감탄한 탑이 있을 것이다. 내게는 복원 전의 익산 미륵사지탑, 왕궁리탑, 보림사 쌍탑, 천곡사탑, 보천사탑이 그랬다. 멋진 탑은 보는 순간 단박에 멋지다는 느낌이 들어야 한다. 너무 성의 없는 말 같지만 첫눈에 감탄사가 나오지 않는다면 아무리 주변을 서성거리며 오래 뜯어봐도 호감이 생기지 않는다. 그러니 "아는 만큼 보인다."라는 호사가의 꼬임에 넘어가 '혹시 내가 몰라서 가치를 몰라보는 것은 아닐까?'라는 생각을 할 필요는 없다. 더욱이 그 '아는 만큼'의 경지가 어느 정도인지 모름에도 혹시나 싶어 제 부족한 공부를 탓한다면 삶이 힘들다. 알고 보는 것과 미美는 다르다. 아름다움은 객관적인 동시에 지극히 주관적인 영역이다. 소수만이 느끼는 아름다움이라면 그에 대한 가치판단은 고민을 해 봐야 한다. 예를 들면 분청자나 추사체가 그렇다. 청자와 백자 사이에 유행하였던 분청자의 흐름을 살펴보면 그 역시 성주괴공成住壞空의 단계를 거친다. 그런데 낮은 수준의 분청자를 두고도 소박한 아름다움이라는 식의 칭찬 일색은 곤란하다. 추사체는 독특하다고 볼 수는 있다. 즉 대부분의 사람들이 '어? 이상하다.'라고 반응을 보이는 독특함은 있지만 '아! 훌륭하다.'라고 하는 이는 없지 않은가? 부러 평가 절하 하고 싶은 생각은 없지만 분청자와 추사체에 대한 연구자들의 높은 평가는 만고불변의 진리가 아니다.

2023. 10. 4. 09:05

2023. 10. 4. 09:10

18

용명리탑

한국은 스스로 석탑의 나라라고 한다. 자주 드는 생각이 있다. 석탑의 완성작인 석가탑을 볼 때 왜 이후의 탑들은 석가탑을 그대로 재현하지 않았을까? 탑을 세운다면 설계 도면처럼 참고가 될 자료가 있었을 텐데. 완성된 모델이 있다면 그 탑의 몸돌과 지붕돌의 체감 비율을 그대로 따라하면 될 일인데 말이다. 어쩌면 답을 알고 있지만 부러 안 했을지도 모를 일이다. 우리 탑의 미스터리라 하겠다.

용명리탑은 유난히 석가탑을 빼닮았다. 단정하게 다듬은 이중의 바닥돌은 짜임새가 있다. 또한 바닥돌의 각 면에 보이는 기둥의 수도 석가탑과 같다. 바닥돌과 지붕돌의 윗면에 도드라지게 새긴 정교한 몸돌 받침도 여간한 정성이 아니다. 석가탑과의 차이라면 지붕돌 네 면의 추녀 끝이 좀 더 치켜올려졌다는 점이다. 이를 감안하여 석가탑보다 약간 뒤인 700년대 후반에 세워졌을 것으로 추정한다.

비록 전봇대와 전선이 분위기를 어지럽게 만들고 있지만 주변은 말끔하게 정비해 놓았다. 예전에는 밭이었을 테지만 공원처럼 나무를 심고 벤치도 놓았다. 좁은 골목길이 많은 동네 사정에 따라 주차장도 널찍하게 조성하였으니 탑의 고마움이 이만저만이 아니다.

그런데 꼭 탑 때문만은 아닌 듯하다. 바로 동경이다. 동경이는 천연기념물로 지정된 개로서 경주의 특산종인데 꼬리가 없거나 짧은 특징을 가지고 있다. 신라시대의 탑이 있어 동네의 이름이 탑골이 되었는데 지금은 탑골이 무색할 정도로 동경이 마을로 변했다. 더군다나 2023년 12월 인근의 대곡리에 문화재청에서 국비 56억 원을 지원받아 사육 시설과 운동장을 지었다. 이 정도면 가히 동경이를 위한 마을인 셈이다. 마을 골목 고샅고샅에 동경이 그림이 그려져 있다. 아이들과 노는 동경이, 탑 위에 올라가 있는 동경이, 과거 보러 한양에 가는 주인을 따라가다 주인이 죽자 죽음을 무릅쓰고 연풍에서 경주까지 달려왔다는 의구義狗 동경이 이야기까지 벽화가 가득하다. 하지만 동네가 활기차 보이지는 않는다. 다른 농촌마을들이 다 그렇듯이 이곳도 인구가 감소하는 듯한데 갈 때마다 사람뿐만 아니라 동경이의 모습도 줄어들고 있어 안타깝다.

2023. 9. 6. 12:31

19

용장사탑

―――――

 뒤로는 금오봉(468m)을 두고 고개 들어 남쪽을 쳐다보면 검푸른 소나무들이 밀어 올린 듯한 고위봉(494m)과 봉화대 능선이 병풍처럼 늘어서 있다. 오른편으로는 춘하추동 색깔이 변하는 풍요로운 내남 들과 한국 물류의 핵심인 경부고속도로가 가는 실처럼 부산으로 넘어간다. 가히 남산의 경치 중 제일경이라 하겠다. 절터의 왼편을 올라다보면 연화대좌가 보인다. 비록 불상은 없어졌으나 용장사곡 삼층석탑을 늘 내려다보고 있다. 마치 불상이 먼발치에서 불탑을 돌보고 있는 듯한 모양새다.

 용장사지는 대략 삼단의 층을 두고 아래부터 건물터, 삼륜대좌불터, 삼층석탑터로 나뉜다. 삼층석탑터가 가장 높은 곳에 있는데 이곳의 석탑도 늠비봉 오층석탑처럼 주변에 건물이 있었는지 불분명하여 탑의 정확한 성격을 파악하기 어렵다.

 전형적인 3층의 석탑인데 남산의 많은 석탑들처럼 단층의 바닥돌을 하고 있다. 단층이기는 하나 바위가 중첩된 벼랑 위에 탑을 세웠기 때문에 낮아 보이지 않는다. 춘하추동, 아침, 점심, 저녁, 언제 가 보아도 산과 탑과 계곡이 조화롭게 어울린다. 배만 고프지 않다면 무릉도원이 따로 없다.

 까마득히 높은 이곳에 탑을 세운 불심佛心과 여기까지 올라와 사리장치를 훔치려고 탑을 무너뜨린 도심盜心은 모두 다 이 세상의 것들인가?

2023. 7. 28. 10:42

2023. 10. 1. 16:16

2023. 12. 5. 16:50

20
원원사탑

원원사는 문두루비법이라는 밀교의 술법을 시전하여 당나라 병사를 물리친 신인종파의 승려들과 김유신 장군이 발원하여 세운 호국사찰이다. 지금도 절의 마당에는 태극기가 펄럭이고 있어 호국사찰을 내세우는 듯하다.

김유신 장군이 연관되어 있다면 600년대 중후반인데 원원사지 동서삼층석탑의 형식은 그렇게까지 될 수는 없다. 우선 2층 바닥돌의 십이지신상을 통해서 건립 시기를 추정해 볼 수 있다. 신라왕릉에서 십이지신상이 주로 둘레돌에 새겨지는 시기는 대략 700년대에서 800년대 사이다. 원원사탑의 십이지신상은 왕릉의 무인상과 달리 평상복을 하고 있지만 한껏 무르익은 솜씨를 보이고 있다. 다음으로는 탑의 규모를 볼 때 아직도 당당한 크기를 유지하고 있으며 지붕돌의 층급받침도 다섯 개로써 신라조에서 탑과 사리신앙이 최고조일 때의 작품으로 보인다. 다만 1층 몸돌에 있는 사천왕은 그 예가 흔치 않아 단정하기는 어렵지만 얼굴 표정, 가지고 있는 무기나 탑, 사천왕에 밟혀 힘들어하는 악귀의 자세를 볼 때 예사롭지 않은 솜씨임을 느낄 수 있다. 이러한 특징들로 볼 때 석가탑과 원성왕릉의 사이인 700년대 후반 정도로 건립 연대를 추정할 수 있겠다.

탑은 무너져 있던 것을 1931년에 경주고적보존회가 복원한 것이다. 많은 석재가 심하게 파손되었고 십이지신상들 가운데 동탑에는 용과 뱀이, 서탑에는 뱀과 양이 없어졌고 서탑 남면의 사천왕도 훼손되었다.

2023. 12. 18. 13:19

21
지곡탑

　용장계곡은 남산의 계곡을 통틀어 가장 긴 골짜기이다. 계곡이 깊고 금오봉과 고위봉에서 여러 능선이 뻗어 내려오므로 절골, 은적골, 열반곡, 연화곡, 탑상곡, 이영재곡, 지곡과 같은 지류가 많다. 여러 지류 중 가장 유명한 곳은 용장사지가 있는 탑상곡이고 제일 깊숙한 곳은 지곡이다.

　용장계곡의 본류를 따라 계속 오르다 보면 정상에 저수지가 나오며 용장계 지곡 제3사지 삼층석탑이 근처에 있다. 저수지가 있어 계곡의 이름을 지곡이라 하였나 보다. 일부 지도에는 산정호수라고 했지만 호수라는 단어를 사용할 만큼 크지는 않다. 호수 인근에는 남산에서 제일 높은 고위봉이 있으니 힘든 코스는 아니지만 탐방로를 따라 많이 올라온 것이다. 지곡탑에서 작은 언덕을 넘으면 동남산이 되는데 그곳에는 유명한 신선암 마애불과 칠불암이 있다.

　지곡탑은 최근에 복원한 삼층석탑이다. 남산의 동서東西 분수령 아래에 절터가 있다. 지곡 너머 동남산의 봉화곡은 경사가 급해 신선암과 칠불암은 바윗덩어리를 비집고 들어섰지만 지곡탑의 절터는 지척인데도 바위라고는 찾아볼 수 없을 만큼 크게 다르다. 지금의 호수만큼은 아니겠지만 물을 가둬 놓을 만한 계곡까지 있으니 절이 있던 옛날에도 물 걱정은 하지 않았을 것이다.

　탑의 모양이 독특하다. 하지만 남산동 동삼층석탑처럼 앞선 예가 있고 서악동 삼층석탑처럼 비슷한 시기의 탑이 있으므로 난데없지는 않다. 다만 모전석탑이라 부르지 말기를 바랄 뿐이다.

2023. 6. 3. 11:18

2023. 2. 6. 13:49

22
창림사탑

창림昌林. 요즘 지은 이름이라고 해도 세련되게 들려 어색하지 않다. 얼마 전까지 발굴 조사를 하느라 주변의 나무를 베어서 이제 더 이상 그 이름처럼 무성한 숲은 아니다. 오릉에서 삼릉 쪽으로 가다 보면 그냥 지나치지 못하고 왼편을 쳐다보는 습관이 생겼다. 산 아래 창림사지 삼층석탑을 보려고 그런다. 남산에서 제일 큰 탑이라 아래에서도 훤히 보인다. 하지만 탑으로 가는 길은 보이는 것과는 완전히 다르다. 마을의 좁은 골목길을 지나거나, 남간사 당간지주 앞을 지나 교행 공간이라곤 전혀 없는 농로를 통과하여야 한다. 나원리탑, 천관사탑, 보문사지 가는 길이 다 지릴 만큼 아슬아슬한 좁은 길이다.

언덕에 올라 탑 뒤에 서서 벽도산 쪽으로 시선을 주면 내남면에서 경주 시내까지 유유히 흐르는 형산강 줄기가 펼쳐진다. 가족이나 친구가 경주에 오면 빼놓지 않고 안내하는 곳이 바로 창림사탑이다. 특히 해가 넘어가는 저녁이면 저 멀리 검은 서산으로 사라지는 불덩이를 볼 수 있다.

언덕 위에 커다란 탑이 세워져 있으니 더욱 커 보인다. 탑이 있는 언덕으로 가려면 거친 산길을 타고 올라야 한다. 오르막길의 중간 지점이 창림사탑을 가장 멋지게 볼 수 있는 포인트다. 남산 해목령에서 내려온 능선의 중간에 탑이 걸터앉았는데 마치 하늘에 떠 있는 듯하고 사바세계로 내려가기 위해 스키 선수처럼 활강을 하는 것처럼 보이기도 한다.

2023. 8. 2. 19:00

2023. 8. 10. 18:52

2023. 11. 28. 16:48

23
천군동탑

탑 주변을 서성거리다 보면 수시로 비명 소리를 듣게 된다. 어라? 그런데 고통스러운 비명이 아니라 열락悅樂의 아우성이다. 보문 관광단지에서 놀이시설을 즐기는 사람들이 지르는 소리다. 천군동 동서삼층석탑 사이로 황룡사 구층목탑을 재현한 듯한 건물이 보인다. www.hwangnyongwon.com을 통해서 알아보니 2016년도에 세워진 황룡원 중도타워라고 한다. 높이가 85m라고 하니 불에 타 사라진 황룡사 구층목탑의 높이와 비슷하다. 황룡원은 연수나 숙박의 용도로 사용되는데 불교에 뜻이 있는 이가 세운 건축물이다. 벚꽃이 피는 4월에 중도타워와 보문단지의 벚꽃을 배경으로 찍은 야경 사진이 환상적이어서 많은 사람들을 불러 모은다.

두 탑은 똑같이 생겼다. 하지만 여기저기 깨져 보수한 흔적이 많으니 아픈 과거가 있었겠다. 아니나 다를까 무너져 있던 것을 1939년에 복원하였다고 한다. 탑은 매우 장중하여 불국사 삼층석탑보다 앞서 세워진 황복사탑을 닮았다. 그러므로 이 탑은 700년대 초에 세워졌다고 추정된다. 자못 흥미로운 사실이 있는데 서탑의 2층 바닥돌 덮개를 콘크리트로 수리하였다는 점이다. 얇은 콘크리트가 3층의 탑신을 거뜬히 떠받치고 있다. 만약에 1939년도 복원 당시에 시공한 콘크리트라면 원재료와 배합 기술이 2000년대인 현대에 뒤지지 않을 만큼 훌륭함을 인정한다.

2023. 8. 13. 12:17

2023. 3. 22. 15:28

24
천룡사탑

　천룡사지 삼층석탑은 쓰러져 있던 탑을 복원하였다. 복원되었지만 원형을 잘 유지하고 있어 보물로 지정되었다. 남산의 탑 일가라 그런가? 이 탑도 단층 바닥돌의 형식을 취하고 있다. 그런데 유난히 어색하다. 카메라로 찍어 사진을 들여다보면 어색함이 더욱 심해진다. 왜 그럴까? 그 이유는 천룡사지가 다른 탑들과 달리 평지에 있기 때문이라고 생각한다. 천룡사지는 해발고도가 300m 정도 되기 때문에 남산의 중간 이상 되는 산속이다. 하지만 산 한가운데에 절이 있음에도 난데없는 평지를 이루고 있다. 좀 과장해서 말한다면 고원지대라고나 할까? 이렇듯 평지에서 단층 바닥돌로 탑을 세우면 높이가 줄면서 상승감이 감소하게 된다. 더구나 기존 석재와는 다른 색깔의 꼭대기 머리장식을 올렸는데 크기마저 작아 어색해 보인다. 즉 천룡사탑은 평지에 맞지 않는 단층 바닥돌이라는 구조적인 한계에다 어설프게 머리장식을 복원하여 균형미를 잃었다. 물론 종교의 상징물을 어찌 생김새로만 평가하겠는가? 그렇지만 천룡사의 복원불사가 본격적으로 이루어지면 탑의 머리장식은 새롭게 교체하였으면 좋겠다.

　신라시대의 절을 고려조에 최제안이 다시 지었다. 최제안은 두 딸의 이름에 들어 있는 천과 용을 가져와 천룡사라 지었다고 전한다. 수미산에는 동서남북 네 방위를 지키는 사천왕四天王이 있다. 사천왕에게는 여덟 명의 신중神衆이 있어 이들을 팔부신중이라 부른다. 이들 중 첫 번째, 두 번째가 천天과 용龍이다. 최제안의 작명설보다는 팔부신중에서 가져와 절 이름을 지었지 않았나 한다.

2023. 9. 22. 16:25

25
효현동탑

경주에 있는 신라 석탑의 계보를 따지는 일은 쉬운 듯하면서도 어렵다. 쉽다는 말은 감은사탑(682), 황복사탑(692), 석가탑(751) 등 세워진 연대가 확실한 탑들이 있기 때문이다. 즉 높고 장대한 감은사탑과 황복사탑의 사이에는 석재의 구성이나 크기에 있어 알맞은 나원리탑을 넣고, 황복사탑과 석가탑 사이에는 장항리탑이나 천군동탑을 넣는 식으로 시대를 추정하면 큰 오류가 없다. 반면에 어렵다 함은 예외가 나타나기도 하고, 오래된 양식은 그 뒤에 얼마든지 모방이 가능하므로 시대 추정이 쉽지 않기 때문이다. 일례로 김천에서 중앙박물관으로 옮겨진 갈항사탑이 있는데 기록이 확인되는 759년에 세워졌으므로 석가탑과 비슷한 시기의 탑이다. 하지만 탑 표면에 연도 명문이 없다면 작아진 크기 하나만으로도 석가탑에 비해 한참 뒤에 세워졌다고 평가받을 가능성이 크다.

탑은 불탑이므로 석가모니의 사리가 있어야 건축이 가능하다. 신라에 전래된 불사리는 《삼국유사》의 기록에서 볼 수 있는데 진흥왕 대에 양나라로부터 약간의 사리가 들어왔고, 선덕여왕 때는 자장이 100알을 들여와 통도사, 태화사, 황룡사에 봉안하였다. 이후에 신라와 고려조에 두어 차례 들여왔으니 사리는 아주 한정되었고 사리가 없으니 탑 역시 세워지기 어려웠다. 그런데 600년대 후반부터 탑의 건축은 기하급수적으로 늘었다. 사리의 개념이 불사리에서 법사리

등으로 확장되었기 때문이다.

효현동 삼층석탑이 세워지던 800년대에도 탑이 많이 세워졌는데 이때 탑의 가장 큰 특징은 크기가 작아졌다는 점이다.

현존하는 석탑 가운데 어느 탑이 가장 오래됐고 그 탑에 앞서 모범이 됐던 탑은 무엇인지를 추정하는 것은 어려운 일이다. 서기 67년 후한 시대에 중국 최초의 절인 백마사白馬寺가 세워졌다. 이후에 중국 특유의 고층 목탑이 세워졌으며 위진남북조의 시대에는 한나라의 목조 기술 전통을 이어받아 절과 목탑이 무수히 지어졌다. 북위(386~534) 시대 중기부터는 벽돌을 이용한 전탑이 발생하여 목탑과 함께 주류가 되었다. 중국의 이러한 움직임은 시차를 두고 우리나라에까지 전달이 되었을 것이다. 즉 중국과 교류를 했던 고구려와 백제 그리고 그로부터 선진의 불교문화를 받아들인 신라에서도 목탑과 전탑의 건축이 이루어졌을 것이다. 문제는 신라의 수도인 경주에 목탑과 전탑이 하나도 남아 있지 않다는 점이다. 그러다 보니 신라의 석탑은 과연 목탑이나 전탑 가운데 어느 탑에서 영감을 얻어 발생했는가 하는 단서를 찾기가 어렵다. 마찬가지로 고구려나 백제의 탑으로부터도 영향을 받았을 거라는 추정도 가능한데 이 역시 실체를 가늠하기 어려운 상황이다.

2023. 6. 4. 18:03

2023. 3. 5. 13:39

26
국사곡4사지탑

남산의 오산계 국사곡을 오르다 보면 제자리를 떠나 나뒹구는 탑 부재들을 볼 수 있는데 복원된 석탑은 국사곡 제4사지 삼층석탑 하나뿐이다. 이 탑에 대해 하고 싶은 말은 첫째, 탑 자리가 뛰어나다. 비파곡탑이나 창림사지탑에서 바라보는 경치에 못하지 않다. 그만큼 시야가 훤하고 아무리 추운 날에도 아늑하다. 한참 떨어진 오산계 마애불이라든가 국사곡 팔각정터에서도 이 탑을 볼 수 있는데 그만큼 주변이 잘 보이는 자리에 서 있다. 둘째, 탑을 재건하는 과정에서 생기는 불균형이나 보완된 석재 때문에 들 수 있는 이질감이 거의 없다. 다만 3층의 몸돌이 많이 파손돼 보는 각도에 따라 신경이 좀 쓰이는 정도다. 또한 바닥돌 주변의 땅을 판석으로 덮었는데 원래의 모습인지는 모르겠으나 깔끔하여 보기 좋다. 셋째, 바닥돌의 가운데 기둥을 별개의 돌로 끼워 넣었는데 당시의 탑으로서는 특이하나 중요한 일은 아니다.

삼층석탑은 금오봉을 오른쪽 배경으로 삼고 왼쪽 저 멀리로는 서라벌의 상징인 토함산을 두고 있다. 앞에는 고위봉과 봉화대 능선을 따라 마석산으로 이어지는 스카이라인이 펼쳐지는 명당자리다. 햇볕 따뜻한 봄날, 탑 주변을 서성거리다 보면 분홍빛 진달래가 하늘거리고 산죽이 바람에 사각거리는 소리를 들을 수 있으니 극락이 따로 없다. 그러니 이곳은 탑을 세세히 살피기에 앞서 자연을 감상하는 일이 중요하다.

탑을 다시 세운 사람들에게 고마울 따름이다.

2023. 7. 24. 11:26

2023. 7. 24. 11:11

2024. 3. 11. 10:32

2023. 3. 27. 11:26

27
능비봉탑

 탑은 석가모니의 사리를 모셨고 금당 안의 불상은 석가모니의 이미지다. 따라서 절 안에 탑과 불상이 같이 있는 상황은 국어 문법으로 치면 동어반복同語反覆이다. 둘은 상징성은 같지만 어디에 더 비중을 두는가에 따라 탑 중심의 불교 또는 불상 중심의 불교라는 이야깃거리도 등장한다. 부처님의 반열반 후 500여 년 정도 불상을 만들지 않았던 무불상시대無佛像時代가 있었고 이후 불상이 만들어졌지만 탑이 전면에서 퇴장하지 않았기 때문에 나올 수 있었던 이야기다. 한국의 사찰 배치는 자오선의 축 선상에 한 개의 탑이 금당 앞에 세워지는 일탑일금당一塔一金堂 형식에서 출발해 쌍탑, 삼탑 등의 형식을 보인다.

 그런데 가끔 소위 비보탑裨補塔이라고 불리는 탑이 등장한다. 아니 정확히 말하자면 비보탑설을 주장하는 사람이 나타난다. 탑이 주로 산천의 모자란 부분을 채워 준다는 개념이다. 그러나 《조탑공덕경》의 어디에 풍수지리 이야기가 있는가?

 포석계 제6사지 오층석탑인 능비봉탑을 이야기하면서 비보탑설을 떠올린 이유는 이 탑이 자리 잡은 위치 때문이다. 탑은 금오봉으로 오르는 능선의 바위 더미에 세워졌다. 탑의 서쪽은 돌무지 아래로 낭떠러지기에 가까운 비탈이고 동편에 약간의 평지가 있다. 이를 금당자리라고 본다면 탑과 건물은 자오선 축 선상에 있지 않다. 즉 전통의 배치 형식이 아니다. 그렇다면 이 탑은 소위 비보탑인가?

2023. 3. 17. 10:59

2023. 9. 4. 10:36

2023. 3. 14. 12:30

28

비파곡탑

　비파곡 제2사지 삼층석탑은 남산의 중심인 금오봉에서 뻗어 내린 줄기에 자리를 잡고 있으면서도 최고봉인 고위봉의 보살핌을 받는 자리다. 더욱이 좌우로 영남알프스의 연봉들이 아스라이 펼쳐지고 경주 서쪽을 지키는 벽도산과 단석산까지 봉우리가 중첩돼 푸른 산속의 소중한 명당이다.

　창림사탑, 늠비봉탑, 용장사탑 등은 모두 실망시키지 않는 남산 저녁노을의 성지다. 해나 구름이야 어디나 같은 조건이지만 시야는 당연히 지형 여건이 좌우한다. 개인적으로 비파곡탑의 저녁노을이 가장 좋다. 비파곡탑은 아담한 사이즈로서 스스로를 나타내기보다 경치의 하나로 녹아든다. 한낮의 열기가 여전히 남아 있는 여름 저녁, 탑 뒤에서 서서히 넘어가는 붉은 해를 보고 있자면 유한한 인생이 쓸쓸해 한숨짓다가도 다시 떠오를 새로운 아침을 생각하며 스스로 위로하곤 했다.

　비파곡탑도 역시 남산의 탑으로서 단층의 바닥돌이다. 3층의 몸돌과 지붕돌은 언제인지 모를 도괴 과정에서 여기저기 깨졌다. 바닥돌은 자연석에 가깝다. 대충 다듬은 듯 거칠지만 그런데도 전혀 어색하지가 않다. 육면체의 암반이 안정적인 탓이기도 하지만 주변의 자연석들과 섞여 지내다 탑 바닥돌로 선택되었기 때문에 그럴까? 자연과 인공의 탑이 어우러져 포근한 아름다움을 보여 준다. 무너진 탑을 다시 세우겠다는 계획을 세우고 예산을 집행해서 훌륭하게 일을 마친 사람들에게 한없는 고마움을 바친다.

2023. 7. 6. 17:47

2023. 11. 21. 16:51

29
지암곡3사지탑

 통상 석탑의 바닥돌은 이중(층)인데 비하여 경주 남산의 석탑은 단층의 바닥돌이 많다. 한국에서 바닥돌이 단층으로 된 탑은 경주 지역을 제외하고는 문경, 상주, 선산 지역에서 볼 수 있다. 김천의 직지사에는 문경의 도천사지에서 옮겨 온 세 개, 선산의 강락사지에서 옮겨진 한 개, 도합 네 개의 단층 바닥돌로 된 탑이 있다. 또 상주 내화리와 화달리, 그리고 문경 봉암사에도 있다. 이 지역의 탑들은 대략 700년대 말에서 800년대 초에 세워진 것으로 추정되는데 남산의 탑은 그보다 한 세대 이상 후대의 것으로 보인다. 그렇다면 수도인 경주에서 지방으로 단층 바닥돌의 양식이 전파되었다고 보기가 어렵다.

 또한 남산 산중의 탑은 대개 세워진 자리가 높아 굳이 이중의 바닥돌을 하지 않더라도 낮아 보이지 않는다. 또한 석재가 줄어들면 산속의 경사지에서 돌을 옮기고 다듬기에 유리하므로 단층의 탑이 유행했다고 볼 수 있지만 경북 서북부의 단층 탑들은 그러한 환경이 아니니 해석이 곤란하다.

 익산의 왕궁리 오층석탑이 단층 바닥돌을 하고 있는데 이를 두고 견훤과 연관시키기도 한다. 견훤이 문경 출신이므로 그 지역에 있는 단층 바닥돌 석탑을 본떠 후백제의 영토에 왕궁리탑이 세워졌다는

가설이다. 그러나 왕궁리탑의 건축 시기가 후삼국시대가 맞는지 여부는 차치하더라도 군벌 세력인 견훤을 불교문화와 매치시킬 정도로 비약한다면 그건 가설이 아니라 소설에 가깝다.

지암곡 제3사지 삼층석탑은 동東남산의 비파곡탑이라 불러도 될 정도로 같은 점이 많다. 전망 좋은 자리가 하나요, 삼층석탑에 단층 바닥돌인데 바닥돌이 자연 암반임이 둘이요, 재건되었음이 셋이다. 그런데 좋다는 전망은 옛이야기가 되었다. 동쪽 토함산을 바라볼 때 소나무가 웃자라 시야를 가리기 때문이다. 남산 곳곳의 절터가 대부분 그런 처지인데 이십 년 전의 책에 실려 있는 사진과 많이 달라졌다. 내 사진도 다름없이 그렇게 될 예정이다.

고맙게도 2003년에 다시 세웠는데 아쉬운 점이 하나 있다. 2층 지붕돌과 3층 지붕돌 사이의 몸돌이 그만 삐뚤게 끼워져 있다. 재건 당시부터 그랬는지 모르겠지만 고쳐 놓았으면 좋겠다.

2023. 7. 24. 13:03

2024. 3. 11. 12:24

30
감산사탑

용산의 중앙박물관 불교조각실에는 뛰어난 불상들이 모여 있다. 그 가운데 단연 스타는 전면에 나란히 서 있는 감산사 아미타불과 미륵보살상이다. 두 불상은 폐사지인 경주의 감산사지에 방치돼 있다가 일제강점기에 서울로 옮겨졌다. 1281년에 편찬된 일연스님의 《삼국유사》에 두 조각상의 광배에 적힌 글에 대한 이야기가 올라 있을 만큼 예로부터 유명하신 분들이다. 719년에 감산사가 세워졌으므로 불상이 조성된 시기도 그 무렵일 것이다. 폐사였던 감산사는 깨끗한 가람으로 다시 지어졌다. 사라진 절을 다시 복원하는 일은 돈, 문화재, 행정절차 등 매우 어려운 일이다.

감산사의 중심이 되는 금당은 대적광전으로서 삼층석탑은 그 뒤꼍에 있다. 감산사지 삼층석탑은 온전하지 못해 2층과 3층의 몸돌이 사라진 채 지붕돌이 포개져 있다. 바닥돌은 단층이지만 원래는 이중이었을 수도 있다. 크기가 작아지고 지붕돌의 네 귀퉁이가 날렵하게 솟은 모습을 통해서 절이 창건될 때인 719년보다 백여 년쯤 뒤에 세워진 탑으로 보인다.

국도에서 괘릉을 거쳐 감산사를 찾아가다 보면 감산사 삼층석탑이라는 안내 표지판이 있다. 이 탑이 감산사의 상징이라 볼 수 있는 대목이다. 그런데 어찌하여 금당의 뒤편에 석탑이 있을까? 새로 절을 지으면서 탑과 금당과의 관계 그리고 새로운 탑을 마당에 들일 때에는 원래의 탑인 뒷마당 탑과의 관계를 고려하여야 할 터인데 연유를 여쭤 봐도 스님은 빙긋이 웃을 뿐 말이 없다.

2023. 8. 13. 15:00

2024. 1. 16. 16:23

31
금곡사탑

　금곡사지 원광법사 부도탑은 원광법사(555~638)의 승탑으로 알려져 있다. 승탑이라기보다는 불탑을 닮았다. 후대에도 나옹화상의 승탑을 불탑 모양으로 만든 예가 있기는 하나 드문 경우다. 원광법사의 입적 후에 승탑을 바로 세웠다면 그 시기는 분황사 모전석탑과 같은 때로서 석탑의 기본 형태가 갖춰지기 전의 일인데 이 탑은 한참 후대의 탑으로 보인다. 물론 애초의 승탑이 어떤 사유가 발생하여 나중에 불탑형으로 교체되었을 가능성은 있다. 하지만 가장 심각하게 드는 의구심은 600년대 중반에 과연 승탑이 있었겠는가 하는 문제다. 과거에 부도라 칭했고 요즈음은 승탑이라 하는 승려의 묘탑은 중국 선종이 한반도에 들어온 800년대 이후의 일이다. 그 가운데 가장 오래된 승탑은 신라하대 선종 승려인 염거화상의 탑(844)이다. 그러니 염거화상탑보다 200여 년 전에 승탑이 있었다고 볼 수는 없다. 그러나 일연의《삼국유사》에 "부도는 삼기산 금곡사에 있다."라고 하였으니 무슨 일인가?
　탑은 파손이 심하여 손을 보아 다시 세웠다. 1층 몸돌에는 사방에 홈을 파고 불상을 조각하였다. 탑의 몸돌에 불상을 새긴 예는 몇몇이 있다. 탑의 크기 그리고 층급받침, 몸돌에 불상을 새기는 양식을 감안할 때 800년대 중후반에 세워진 탑으로 보인다.

"원광은 성질이 여유롭고 다정하였으며 말할 때는 항상 웃음을 머금고 노여운 기색을 나타내지 않았다. 임금에게 올리는 글이나 국서가 그의 머릿속에서 나왔다. 온 나라가 받들어 나라 다스리는 방법을 모두 그에게 맡겼다."《삼국유사》에서 원광을 칭송하는 내용이다. 닮고 싶은 사람이다. 원광.

2023. 5. 2. 12:08

2023. 11. 25. 14:50

32
기암곡탑

 기암곡은 포석계의 한 지류로서 깊은 계곡은 아니지만 그래도 입구에서 제법 들어가야 포석계 기암곡 제2사지 동삼층석탑을 만날 수 있다. 지리적으로 외진 곳이라면 이중의 바닥돌보다는 단층을 선호하게 된 게 아니냐는 추론과 달리 탑은 깊은 산속인데도 이중의 바닥돌을 하고 있다. 남산 산중의 탑이라면 단층 바닥돌이 당연한 것처럼 일반화하다가 만나게 되는 뜻밖의 이중 바닥돌 탑이다. 그러니 탱자나무 울타리와 조릿대 터널을 지나 도착한 적막한 절터는 천년 후손을 생각하게 만드는 자리가 된다.

 경주 남산에서 바닥돌이 단층인 탑은 탑곡탑, 용장사탑, 비파곡탑, 국사곡 4사지탑, 지암곡 2·3사지탑, 늠비봉탑, 천룡사탑, 마석산탑 등이 있다. 이들은 모두 산속의 높은 곳 또는 봉긋한 곳에 세워진 탑들이다. 지대 자체가 높다 보니 탑의 상승감에 도움이 되는 이중의 바닥돌이 필요치 않는다. 상황에 맞게 규모를 줄이면서도 탑의 위용 면에서 결코 흠이 가지 않도록 채용한 방법이 단층의 석탑이다. 심산유곡에서 탑재로 쓰이는 돌을 채석하여 옮기고 다듬는 데는 큰 비용과 아울러 석공들의 공력이 더 필요하므로 단층 바닥돌이 유리하였음은 자명하다. 물론 단층의 바닥돌이라 한들 쉬웠겠는가? 불사를 일으키고 완성하려면 큰 염원이 아니고는 힘든 일이었을 것이다.

바닥돌이 2층인 탑은 창림사탑, 염불사탑, 남산동 서탑이 있는데 이들은 모두 평지라고 할 만한 절에 속한 탑들이다. 산이 아닌 평지는 아무래도 신라 도성의 귀족이나 재력가, 신도들이 오가는 데 편리하였을 터이다. 그런 이유로 탑의 규모와 모양이 결정되었다고 생각한다.

기암곡의 탑은 2층의 바닥돌 하나만으로 눈에 띄는데 비록 터만 남았지만 탑이 하나 더 있어 관심을 끈다. 동東남산에는 양피사터와 염불사터에 쌍탑이 있지만 서西남산에는 기암곡탑이 유일하다. 게다가 규모도 동남산의 탑들에 비해 현저히 작다. 역시 산속에 위치한 자리의 영향 때문이었을 것이다.

남산의 40여 개 계곡에는 150개 절터에 불상 129구, 탑 99기가 있다(경주남산연구소 자료). 불상이 탑보다 많은 것으로 돼 있지만 탑곡의 부처바위처럼 여럿의 불상을 하나의 유적으로 본다면 전체적으로는 탑의 숫자와 비슷해진다. 99개의 탑 가운데 제자리를 지키며 건재하는 탑은 위에서 열거한 몇몇 예에 지나지 않는다. 종교의 같고 다름을 떠나 불상과 불탑은 하나하나가 모두 소중하며 후손으로서 우리가 지켜야 할 유산인 것이다.

2023. 4. 20. 12:38

2023. 4. 20. 11:09

2024. 2. 19. 15:40

2023. 11. 11. 11:53

33
숭복사탑

　숭복사지 삼층석탑은 인근에 있는 감산사탑과 같은 처지다. 같은 처지란 쓰러진 탑을 다시 세웠지만 온전치 못한 게 하나요, 절에 탑보다 훨씬 더 유명한 다른 유산이 있음이 둘이다. 감산사에 국보인 미륵보살상과 아미타불상이 있다면, 숭복사에는 풍운아 최치원 선생의 숭복사비가 있다. 숭복사비는 두 마리의 거북이로 된 받침돌만 남았는데 지금은 경주박물관 정원에 있다. 다행히도 비석의 필사본이 남아 있어 비석을 온전히 재건할 수 있었다. 숭복사비는 성주사 대낭혜화상비, 쌍계사 진감선사비, 봉암사 지중대사비와 함께 최치원 선생이 지은 사산비명四山碑銘 가운데 하나다. 새 비석은 사산비명 중 유일하게 최치원 선생이 쓰기까지 한 진감선사 대공탑비의 글씨를 모아서 새겼다고 한다.

　숭복사는 원래 곡사라고 불렸던 절로서 애초에 여기에서 조금 떨어진 곳에 있었다. 한데 원성왕이 붕어하자 절을 허물어 왕릉으로 썼고 곡사는 지금의 절로 옮겨졌다. 왕릉은 한때 괘릉으로 불렸지만 지금은 원성왕릉으로 확정이 됐다. 왕릉을 위해 절을 빼앗으려 한다고 비난하는 자와 불법佛法은 머물지 않고 예禮는 때가 있으니 왕릉은 웅장한 곳을 차지하고 절은 경치가 아름다운 곳으로 옮겨야 한다고 주장하는 자가 맞섰다고 비석은 말하고 있다. 전제왕조에서나 일어날 수 있는 일이다. 결국 왕릉과 절의 역사가 동시에 이루어졌으니 798년의 일이다.

 탑은 동서의 쌍탑으로 규모가 작은 편이다. 동탑은 2층 몸돌과 꼭대기의 머리장식만 없지만 서탑은 상태가 안 좋다. 생각건대 숭복사비를 재현하는 데 쓴 힘의 일부라도 탑에 나누어 줬더라면 어땠을까? 쌍탑은 쌍둥이처럼 똑같은 형식을 하고 있다. 2층 바닥돌에 팔부중을 새겼는데 모양새도 비슷하다. 이와 비교되는 탑은 남산동 쌍탑 가운데 서탑으로서 탑의 크기나 팔부중 조각이 마치 한 사람의 작품인 듯하다.

 최치원은 숭복사를 일러 금성 남쪽에서 해돋이를 볼 수 있는 곳이라 하였다. 하지만 숭복사는 산과 어우러진 저녁노을이 아름다운 곳이다. 여름철, 붉은 노을이 치술령 옆으로 넘어가면서 만드는 쌍탑의 실루엣은 너무 아름다워 부처님도 최치원도 모두 잊게 한다.

2023. 6. 5. 19:26

2024. 1. 16. 17:13

2023. 3. 8. 17:46

34
오야리탑

　소광사의 마당 한가운데에 사람 키보다 높은 바윗덩어리가 덩그러니 있다. 그런데 특이하게도 바위 위에 정체를 가늠하기 어려운 작은 석탑이 올려져 있다. 얼핏 3층으로 보이는데 층수를 헤아리기 곤란하다. 바윗돌의 양옆에는 대웅전과 진영각이 있다. 남북으로 긴 마당의 구조상 두 건물은 서향을 할 수밖에 없다. 그런데 묘하게도 탑의 감실을 남쪽으로 냈다. 이는 탑이 지금의 건물들과는 연결 고리가 없다는 것을 보여 준다. 그렇다면 이 탑은 불탑으로서 어떤 의미인가?

　오야리 삼층석탑의 1층 몸돌에는 깊은 감실이 파여져 있다. 그리고 감실 위에는 문짝을 달기 위한 용도인지 차양인지 두툼한 돌출 부분이 있다. 지붕돌의 밑면에는 한 개의 층급이 있는데 일반 탑에서의 층급과 같은 의미인지 해석하기 어렵다. 밑면과는 달리 지붕돌의 윗면에는 다섯 개나 되는 층급을 조각해 놓았다. 지붕돌 윗면의 층급은 남산동 동탑이나 서악동탑, 용장계 지곡탑과 같은 형식이다. 일부 사람들이 소위 모전석탑이라 주장하는 근거로 삼는 계단 모양의 층급이다. 이럴 경우 예를 든 세 탑은 몸돌에 귀퉁이 기둥인 우주를 표현하지 않았다. 그런데 오야리탑은 흥미롭게도 2층 몸돌의 네 귀퉁이에만 굵직한 기둥을 새겼다. 모전석탑을 확대 해석 하는 이들에게 곤란한 모양새다.

　바윗덩어리 위에 올려진 탑, 건물과 좌향이 다른 탑, 1층과 2층의 몸돌 모양이 다른 탑이라니…. 작은 탑 하나가 낸 수수께끼에 답을 찾지 못해 사람들은 갸우뚱거린다. 누가, 무슨 의도로 이런 탑을 세웠는가?

2023. 5. 1. 14:57

35
지암곡2사지탑

　동남산의 지암곡은 지바위를 한자로 바꿔 쓴 이름이다. 계곡의 중간쯤에 작은 지바위가 있고 꼭대기에 큰 지바위가 있다. 지암곡의 초입에 첫 번째 절터가 있고 그곳에서 금오봉 정상으로 가는 길을 버리고 왼편의 개울을 지나 땀을 흘리며 잠깐 걷다 보면 지암곡 제2사지 삼층석탑을 만나게 된다.

　남산의 산중에 있는 탑은 대부분 바닥돌이 1층으로 돼 있고 쌍탑은 아주 드물다. 그렇다면 남산의 많은 탑들은 왜 바닥돌이 단층일까? 신라 석탑의 고전인 감은사탑에서 완성작인 석가탑에 이르기까지 주요 탑들은 2층의 바닥돌이 모범이지 않은가? 남산은 거대한 화강암 덩어리다. 지하에 있던 화강암이 오랜 세월 지각 활동을 통해 지상으로 올라왔고 조상들은 그 돌로 독창적인 석탑을 만들었다. 일부에서는 화강암 암반을 1층 바닥돌로 삼고 그 위에 단층의 바닥돌을 세워 전체적으로는 2층의 바닥돌을 쌓았다고 주장한다. 과연 그럴까? 평지나 산자락의 낮은 구릉과 달리 깊은 산중에 탑을 세우려면 돌은 캐내고 다듬는 데 몇 곱절의 노동력이 필요하다. 그리고 산중의 탑 자리는 대부분 봉긋 솟은 곳이다. 따라서 굳이 탑의 상승감을 주기 위해 바닥돌을 이중으로 높이지 않아도 되지 않았을까? 그러니 암반을 바닥돌로 삼았다는 말은 모양이 그럴 뿐 탑을 세운 이의 의도로 보기는 어렵다.

그렇다면 험한 산중에 있는 도계읍의 흥전리사지 석탑은 왜 바다 돌이 3층이나 될까? 의문스러운 일이다.

경주의 불교 유적을 심층적으로 살피기 위하여 경주에 살기로 마음을 먹었다. 어디에 집을 얻을 것인가? 분황사 근처가 제일 좋았다. 아침저녁에 북천을 건너 분황사나 황룡사지를 산책하고 싶었다. 특히 달 뜨는 밤이면 적막한 황룡사지에서 신라의 달밤을 흥얼거리고 싶었다. 그러나 원하는 대로 되지 않았고 선도산 밑의 대학가에 집을 정했다. 선도동이든 시청 근처든 남산에 가는 시간은 비슷할 거라는 동천동 카페 사장의 말에 솔깃하여 전혀 상상하지 않았던 곳에 짐을 풀었다.

36
구황동탑

경주~포항 간 도로 옆에 세상의 이목을 받지 못하는 폐탑 석재들이 모여 있다. 하나하나에 천년의 역사가 담겨 있으니 그 안에 많은 사연을 품고 있을 거다. 이곳은 도림사지, 구황동 폐탑지, 분황사 동방 폐탑지, 구황동 모전석탑지 등 여러 이름으로 불린다. 무엇보다 시선을 끄는 말은 모전석탑이란 단어다. 모전석탑지라 한 이유는 현장에 남아 있는 금강역사상과 함께 벽돌 형태의 안산암이 출토되었기 때문이다. 금강역사상과 안산암은 분황사 모전석탑(의 구성)과 동일하다. 만약에 출토된 안산암이 벽돌을 대신한 게 아니라면 여기에 있던 탑은 모전석탑이 아니라 순수한 전탑일 수도 있다.

금강역사는 어쩌다 절 입구에서 가람을 지키거나 탑의 몸돌에 장식되어 수호신의 역할을 하게 되었을까? 인도 간다라의 조각상에서 금강역사는 석가모니를 보호하고 불교를 전파하는, 즉 경호직과 아울러 전도자의 역할로 표현되었다. 불교의 동진과 함께 중국으로 들어온 금강역사는 한 명에서 두 명으로 늘었고 웃통을 벗고 근육을 자랑하는 모습으로 표현되었다. 그러면서 석가모니를 밀착 경호 하는 데서 역할이 좀 더 확장되어 삿된 무리들로부터 탑이나 절을 지키는 수호신의 역할로서 오늘에 이른 것이다.

제자리에 남아 있는 네 명의 금강역사는 세월의 흔적을 그대로 간직한 채 세찬 풍상을 처연히 맞고 있지만 박물관의 두 분은 깨끗한 몰골로 사시사철 시원하고 따뜻하게 지낸다. 하지만 풍찬노숙을 한들 어떠리. 아예 흔적 없이 사라져 버린 금강역사들도 있으니.

2023. 12. 21. 11:43

2023. 11. 26. 11:08

2023. 12. 21. 13:54

37
마석산탑

깊은 산중에 고탑古塔이 안내판도 없이 서 있다. 국보나 보물 하다 못해 유형문화재 같은 지정문화재가 아니기 때문이다. 쓰러진 마석산 삼층석탑을 재건하는 과정에서 없어진 2, 3층의 몸돌을 새것으로 대체했기 때문에 문화재 심사에서 밀렸나 보다. 아쉽기는 하지만 깊은 산속의 탑을 잊지 않고 재건하였으니 얼마나 고마운 일인가? 탑을 보존하고 알리려는 노력은 곳곳에 보이는 마석산 삼층석탑이란 안내 표지판을 통해서도 느낄 수 있다.

비록 마석산탑이라고 이름은 지어졌지만 마석산과 남신은 경계가 애매해 둘을 굳이 나눌 필요는 없다고 생각한다.

탑을 찾아가는 길은 금천사金泉寺에서 시작된다. 금천사는 약사불을 으뜸 부처님으로 모신 절로서 절 살림을 하는 보살님이 아주 친절하다. 처음에 삼층석탑을 찾아 나섰을 때 안내 표지를 못 찾아 절에 들어가 길을 물어보았다. 그때 종무소의 보살님은 처음 보는 외지인에게 차를 대접하며 석탑 찾아가는 길을 소상히 알려 주었다.
이 역시 고마운 일이다.

2023. 7. 7. 10:57

2023. 4. 19. 10:11

2023. 4. 19. 10:20

38
승소곡탑

　남산에 있던 승소곡 삼층석탑을 일제강점기에 촬영한 사진을 보면 처참하다. 석탑이 무너져 석재들이 헐벗은 언덕 밑으로 쏟아져 내렸다. 남산 동쪽의 봉화계에 속하는 승소곡은 탐방로가 폐쇄돼 출입을 제한하고 있다. 개방이 되었어도 지금은 나무가 빽빽이 들어선 탓에 절터를 찾는 일은 어려울 것이다. 더군다나 쓰러져 있던 탑은 재건되었지만 제자리가 아닌 국립경주박물관으로 옮겨져 있다.

　탑이 단순한 타워가 아니라 불탑이라는 본질이 그대로라면 어디에 있은들 그 의미가 퇴색되겠는가? 외려 절도 스님도 흔적도 없이 사라져 터만 남은 쓸쓸한 산중에서 춘하추동 낮밤을 보내는 일보다 박물관이 낫지 않을까 싶다. 박물관의 나지막한 동산에서 낙락장송의 호위를 받으며 드나드는 선남선녀들을 내려다보는 탑이다. 하지만 애써 그리 생각해도 쓸쓸한 마음은 사그라들지 않는다. 아무리 좋은 자리라고 해도 제자리가 아닌 바에야….

　탑을 살펴보자 361㎝밖에 되지 않는 자그마한 탑이다. 그리고 남산의 많은 탑과 달리 바닥돌이 단층이 아니다. 재밌는 점은 1층과 2층의 바닥돌, 1층의 몸돌에 이르기까지 소위 안상眼象이 새겨져 있다. 안상이란 그 근거가 무엇인지 알 수 없는 용어다. 코끼리 눈? 분명 코끼리 눈과는 다르게 생겼다. 요즘 들어 안상을 대체하여 쓰는 단어가 있으니 '상다리床足 무늬'다. 실제로 평상의 다리처럼 생겼으니 적당한 용어라고 생각한다.

2023. 10. 26. 16:18

39
천관사탑

"청년 시절에 김유신은 기생 천관과 사랑에 빠져 지내다가 어머니의 꾸중으로 다시는 만나지 않겠다고 맹세를 한다. 어느 날 김유신의 말이 술에 취한 그를 천관의 집 앞으로 데려가자 김유신은 말의 목을 베고 냉정하게 천관을 뿌리쳤다. 이를 슬퍼한 천관이 목숨을 끊었고 후에 김유신은 천관이 살던 집에 천관사를 지어 그녀의 명복을 빌어 주었다." 천관사지 안내판의 문구다. 전쟁의 시기, 신라에 항복한 금관가야 구해왕의 증손자인 김유신(595~673)과 신라 왕족인 어머니가 입신양명을 위해 애쓰는 모습을 상상할 수 있다.

천관사터는 월정교에서 가까운 남산자락인 도당산 아래에 있다. 넓게 정비한 절터와 달리 진입도로가 비좁아 힘들게 운전을 하여야 한다. 경주에서 문화유산을 찾아가는 길 중에는 이렇듯 좁은 길들이 많다. 나원리탑을 찾아가는 길, 남간사지 당간지주 앞을 지나 창림사지로 올라가는 길, 보문동 사지로 들어가는 농로, 탑곡 옥룡사나 보리사로 들어가는 동네 길 등등.

복원된 천관사지 삼층석탑은 평범하지 않다. 사각형으로 된 이중의 바닥돌은 평범한 탑의 모양을 하고 있지만 몸돌과 지붕돌이 팔각형이며 지붕돌 밑면에는 꽃문양을 빼곡히 조각하였다. 경주박물관의 정원에 전시된 석재 중에는 천관사탑의 지붕돌처럼 밑면에 꽃무늬가 조각된 팔각형의 덮개돌이 있다. 그 돌이 석탑의 지붕돌인지 승탑의 지붕돌인지는 알 수 없지만 같은 유형의 조각이 있었음을 알 수 있다.

2023. 9. 23. 13:20

2024. 1. 5. 15:45

40
천동탑

천동곡 제2사지 천동탑千洞塔, 천 개의 동네는 아닐 듯하고 탑의 생김새로 본다면 천 개의 동굴이 맞겠다. 비록 천 개는 안 되지만 큰 돌에 파인 홈들을 동굴로 보아 동洞이라는 한자를 썼을 가능성이 있다. 천동탑은 두 개로서 하나는 서 있고 다른 하나는 깨진 채 누워 있다.

탑은 부처님의 사리를 모시기 위한 건축물인데 천동탑은 탑이라 부르기에 어색한 점이 많다. 아쉬운 대로 표면의 홈을 불상을 모신 공간이라 하더라도 동굴이라 할 수는 없다. 그러나 홈의 크기가 너무 작아 그 안에 불상을 모시기는 어렵다. 만약에 작은 불상을 넣었다면 야외가 아닌 건물의 내부에 세워 놓지 않았을까? 홈마다 그을음의 흔적이 보이지 않기 때문에 조명용이나 공양용 등燈을 넣었을 가능성도 적다.

천동탑 사진을 Facebook에 올렸다. 반응은 여러 가지가 나왔다. '① 벌집이다.' 사진상으로 그렇게 보이기도 한다. 그러나 벌이 들어가기에는 홈이 크다. '② 홈에 탑을 넣었을 것이다.' 홈은 탑이든 불상이든 아니면 촛불이라도 들어가기 힘들 정도로 작다. '③ 묘비처럼 보인다.' 높이 세워져 언뜻 비석처럼 보이기도 한다. '④ 현대 조각품인 줄 알았다.' 맞다. 도시의 고층 빌딩 입구에 세우는 조형물로도 충분히 가능해 보인다.

2023. 6. 3. 13:46

41
탑곡탑

　남산에서 계곡 이름은 중요하다. 왜냐하면 계곡과 유적의 명칭이 어우러져 하나의 고유명사가 되기 때문이다. 탑곡에는 마애탑, 불상과 보살상 그리고 천인天人 등이 새겨진 유명한 부처바위가 있다. 이를 일러 안내판에는 "보물, 경주 탑곡 마애불상군"이라 표시돼 있다. 계곡의 이름이 탑곡인데 탑보다 마애불상이 앞에 서는 느낌을 받는다. 그만큼 부처바위의 조각이 인상적이다.

　하지만 엄연히 이 계곡의 상징은 탑곡 제2사지 삼층석탑이다. 석탑은 불상군이 표현된 바위들로부터 좀 떨어져 제일 안쪽에 있다. 여러 개의 바위에 많은 조각상들이 따로따로 흩어져 있는데 삼층석탑은 이 바위들을 한곳으로 모으는 듯한 그리고 어디론가 이끌어 가는 듯한 모양을 하고 있다. 굳이 상상을 하자면 아미타여래의 반야용선般若龍船과 같은 이미지를 느낄 수 있다.

　재건된 탑곡탑은 남산 탑의 특징인 단층 바닥돌을 하고 있다. 크지 않지만 언덕 위에 자리 잡은 탓에 부처바위 주변을 서성이는 참배객들을 늘 내려다본다. 전체적으로 작아졌고 그에 따라 간소화된 면이 있으므로 800년대의 탑으로 보인다.

부처바위에는 두 개의 목탑이 새겨져 있어 불보살상 못지않게 세상의 이목이 집중된다. 보기 드문 대형의 마애탑으로 왼편의 탑은 9층이고 오른편의 탑은 7층이다. 9층 목탑은 황룡사 구층목탑의 모델이라고 해도 전혀 이상하지 않을 정도로 지붕과 꼭대기 머리장식의 디테일이 살아 있다. 불보살상들은 석탑과 달리 600년대 중후반의 작품으로 추정하므로 마애탑은 황룡사 구층목탑과 비슷한 시기의 작품이다. 지상에서 사라진 황룡사 구층목탑의 허전함을 달래 주는 소중한 유산이다.

문화재 안내판에는 계곡 입구에서 두 개의 마애탑이 먼저 보이기 때문에 골짜기를 탑곡으로 부른다고 하는데 그럴 수도 있겠다.

2023. 4. 28. 11:57

2024. 2. 20. 16:12

42
황오동탑

탑은 단순한 불교 조형물이 아니라 교주인 석가모니의 무덤이다. 따라서 탑이 옮겨짐은 일종의 이장移葬이라 할 수 있다. 부모의 묘를 옮긴다면 문중의 의견을 물어 동의를 구하고 장소를 물색하고 길일을 골라 시행을 한다. 하물며 부처님의 탑을 옮기는 일은 여러 가지 여건을 감안해 신중하여야 한다. 그러나 일제강점기나 광복 이후에 마치 임자를 잃은 조각품처럼 제멋대로 옮겨져 제자리를 뜬 불탑들이 많다. 스님의 탑인 승탑의 경우에는 크기가 작고 조형적 가치가 큰 탓에 수난을 당한 경우가 더욱 많다.

황오동 삼층석탑은 1936년 경주역을 옮기는 것을 기념하여 경주시 동방동 사자사터에 있던 탑을 옮겼다고 한다. 폐사지에서 쓸쓸히 있다가 관광도시 경주의 기차역에서 오가는 사람들을 바라보았던 불탑이다. 그러다 KTX가 들어서고 기존의 철로는 외곽으로 옮겨 가면서 역도 폐쇄되었으니 참으로 변하지 않는 게 없다. 세월의 무게를 이겨내지 못하고 사라진 절이나 용도가 없어져 버린 폐역 모두가 쓸쓸하기는 매한가지다. 이제는 타향살이를 멈추고 환지본처, 있었던 자리로 돌아가야 할 텐데.

2024. 2. 27. 14:47

43
망덕사탑

　망덕사는 어느 때인가 폐사되었고 깃대와 깃발을 잃어버린 당간지주가 절의 경계임을 소리 없이 일러 준다. 금당과 회랑, 동서의 목탑, 모든 건축물이 사라졌다. 절터 곳곳에는 건물과 목탑의 주춧돌이 산재해 있다. 절터에 바짝 붙어 울산으로 이어지는 7번 국도는 탱크로리와 트레일러 같은 대형차들로 소음이 가득하다. 《삼국유사》의 기록대로라면 여기가 과연 염라대왕을 만나고 온 선율이 살았고, 효소왕 때 진신석가가 나타났다는 망덕사인가 싶다.

　망덕사의 목탑은 쌍탑으로서 심초석과 주추만 남긴 채 폐허로 남았다. 심초석은 팔각형으로 다듬었는데 구황동 목탑지의 심초석과 함께 특이하다. 심초석 중앙에는 사리장엄구가 봉안되었던 네모난 홈이 파여 있다. 비가 내리면 사리공에 물이 고이고 겨울에는 얼음이 언다. 오랜 세월 빗물이 고였다, 말랐다, 얼었다를 얼마나 반복했을까 생각하자면 눈앞의 실상이 허상과 같다.

　신라 신문왕 5년(685) 여름에 망덕사가 준공되었다. 《삼국사기》에 따르면 원성왕 14년(798)에 쌍탑이 서로 부딪쳤고 애장왕 5년(804)에는 쌍탑이 서로 다투는 듯하였다는 기록이 있다. 무슨 일이 있었을까? 망덕사의 목탑은 13층이었다고 한다. 그런데 남아 있는 목탑지를 보면 밑면의 크기가 사천왕사탑보다 작다. 그런 기초에 13층을 올렸다면 가늘고 길다는 의미의 세장細長하다는 말이 어울렸을 법하다. 따라서 강풍이나 지진에 약하지 않았을까? 목탑이 흔들리는 모습을 서로 부딪쳤다거나 다투었다는 과장법을 동원한 것은 아닌가 한다.

사천왕사는 호국사찰로서 절을 위한 관청인 성전成典까지 설치되었으니 상당히 장엄하였을 것이다. 반면에 망덕사는 당나라 사신에게 사천왕사를 대신하여 보여 줄 절로서 지어졌기 때문에 상대적으로 격이 좀 떨어질 수도 있다. 하지만 망덕사도 낙성회 때 효소왕이 직접 행차하여 공양하고 재를 지낼 만큼 중요한 절이다. 사천왕사와 망덕사, 두 절은 가까운 거리만큼이나 태생부터 불가분의 관계인 절이다.

2023. 3. 30. 16:41

2024. 2. 13. 16:16

2024. 3. 14. 12:37

44
보문사탑

경주는 시를 대표하는 유산으로 무엇을 내세울까? 불국사 & 석굴암, 양동마을 & 옥산서원 등이 수많은 대상 중에서 좀 더 앞서지 않을까 한다. 하지만 비록 유형의 유적이 많지는 않아도 황복사지에서 진평왕릉을 거쳐 보문사지를 잇는 들녘이 어느 유적지 못지않은 문화유산인 동시에 자연유산이라고 생각한다.

넓디넓은 보문들은 사계절 내내 황복사탑의 멋진 배경이 될 뿐 아니라 농민들에게 생생한 삶의 현장이 된다. 4월에는 논에 물을 대고 5월에는 모를 낸다. 땡볕의 8월에는 드론이 사람을 대신하여 농약통을 매고 날아다닌다. 또한 죽은 이들의 땅이기도 하다. 보문들을 사이에 두고 해가 뜨는 명활산 밑에는 진평왕이, 서산 낭산에는 선덕여왕이 잠들어 있다. 부녀는 돌아가서도 마주 보고 있다. 아침, 점심, 저녁으로 남산이 잘 보이는 곳이 진평왕릉과 보문사지 주변이다. 해 질 무렵 넓은 벌판 뒤로 우뚝 솟은 남산의 돌 그림자는 신성스럽기까지 하다.

질펀한 논 한가운데 작은 동산처럼 보이는 보문사지의 금당과 동서 목탑지는 또한 어떠한가? 절은 별처럼, 탑은 수행자 행렬처럼 "사사성장寺寺星張 탑탑안항塔塔雁行"이라고 할 만큼 수많았던 서라벌의 절과 탑이 도심에서 떨어진 보문동까지 이어졌다.

옛날 들 건너 황복사에서 동쪽을 바라보면 명활산을 배경으로 진평왕릉과 보문사의 쌍탑 그리고 펄럭이는 깃발을 단 당간이 높이 솟아 있었을 것이다.

2023. 5. 29. 15:41

2023. 2. 14. 16:12

45
사천왕사탑

사천왕사가 역사에 나타나는 건 신라가 당을 끌어들여 백제와 고구려를 병합하고 난 뒤 당과 최후의 전쟁을 치를 즈음이었다. 백제와 고구려를 멸망시키고 궁극적으로 그 땅을 차지하려는 당나라와 그를 두고 볼 수 없었던 신라로서는 끝내 부딪칠 수밖에 없었다. 그런 상황에서 사천왕사가 등장한다. 당나라군의 두 차례 침입을 명랑법사가 문두루비법으로 물리쳤는데 그 비법을 펼친 곳이 사천왕사로서 679년에 절을 고쳐 지었다고 한다. 따라서 사천왕사의 목탑은 679년에 세워졌을 것으로 추정한다. 사천왕사의 목탑은 가장 오래된 쌍탑의 흔적이다. 법흥왕 당시인 527년에 불교가 공인되었고 이후에 세워진 불탑은 목탑으로 추정되지만 쌍탑의 출현은 언제부터인지, 배경은 무엇인지 알기 힘든 상황이다. 다만 중국의 남북조 당시인 동진(317~420) 시대에 이미 쌍으로 된 목탑이 있었으므로 우리나라에서의 쌍탑은 중국과의 관계에서 고찰되는 게 맞을 것이다.

사천왕사터에는 아쉬운 점이 있다. 하나는 절터의 북쪽을 갈라놓았던 철도가 아직도 통행을 막고 있으며 또 하나는 남쪽으로 지나는 국도 탓에 비가 올라치면 저지대에 물이 차 비석을 올려놓았던 거북이돌들이 물에 잠기는 상황이다. 동해남부선 철도는 최근에 폐선이 돼 철로를 걷어 내어 미처 조사하지 못했던 절터의 북쪽을 정비할 수 있게 되었다. 그러면 사천왕사에서 바로 낭산으로 진입할 수 있게 된다. 오늘날의 우리가 사천왕천을 지나 도리천으로 올라간 선덕여왕을 뒤따르는 느낌으로 낭산에 오르게 될 것이다.

2023. 12. 18. 11:31

2023. 4. 28. 16:25

2024. 2. 21. 14:02

46

황룡사탑

인도의 아소카왕이 보냈다는 철과 금으로 장륙불상을 비롯한 삼존상을 만든 게 진흥왕 35년(574)이며, 5m가 넘는 장륙상을 모시기 위해 중심 건물인 중금당을 지은 때는 진평왕 6년(584)이다. 당唐나라에서 돌아온 자장율사의 건의에 의해 희망의 9층 목탑을 세운 것은 선덕여왕 14년(645)이었다. 처음 공사를 시작하여 구층목탑을 완공하기까지 90여 년의 세월이 흘렀다. 이러한 일련의 과정은 진흥왕이 한강 유역으로 영토를 확장하고 화랑도를 양성하는 등 내외적으로 성장하던 때에 이루어졌다. 전쟁에서 벗어나고자 하는 신라 구성원들의 염원도 함께.

황룡사는 고려 고종 25년(1238)에 경주까지 침입한 몽고 놈들의 방화로 지상에서 사라지고 말았다.

황룡사의 구층목탑지에는 이런 안내판이 있다. "… 황룡사 목탑지는 심초석과 함께 64개의 초석이 있었으나 … 1978년 발굴 조사 시, 심초석 사리공에는 경문왕 12년(872)에 제작된 찰주본기 명문이 적힌 금동사리함과 사리장엄구가 발견되었으며, 심초석 하부에는 청동제 팔찌, 청동제 그릇 등이 발견되었다."

그러나 이 가운데 가장 중요한 부분이 사실과 거리가 멀다. 1976년에서 1983년까지 황룡사지 발굴 조사단의 단장이었던 조유전 선생의 저서 《발굴 이야기》에 의하면 1964년 12월 17일 심야에 도굴범들에 의해 사리장엄구가 몽땅 약탈되었다고 한다. 한참 뒤인 1966년 9월 5일에 발생한 불국사 삼층석탑 도굴미수사건을 조사하는 과정에서 황룡사 목탑의 도굴범들을 검거하면서 찰주본기를 비롯한 사리장엄구를 회수하였던 것이다.

이렇듯 사리장엄구는 발굴에 의해 발견된 것이 아니다. 크게 아쉬운 점은 탑의 핵심인 사리병과 자장율사가 중국에서 가져온 부처님의 사리가 회수되지 못했고, 도굴범이 황룡사 목탑지 도굴품이라고 내놓은 것 중에는 다른 절터에서 도굴한 것들이 뒤섞여 지금도 박물관에 전시되고 있다는 사실이다.

신라 최대의 가람인 황룡사를 복원하자는 사람들의 스케일은 조선 말 경복궁을 재건한 흥선대원군과 비슷하겠다. 많이 궁금하다. 천문학적인 예산을 투입해 5m의 불상과 두 분의 보살, 16제자상이 들어갈 중금당과 80m의 9층 탑을 세우면 지금 황리단길과 월지에 몰려드는 관광객들만치 많은 사람들이 찾아올까?

2023. 10. 26. 07:30

2023. 10. 26. 07:20

2023. 10. 26. 07:16

2023. 3. 3. 18:29

2023. 3. 3. 18:58